高校人文社科研究论著丛刊
College Treatise Series in Humanities & Social Sciences

弘扬求是精神，打造学术研究精品
提升创新能力，促进学术交流发展

实用文体翻译理论与实践

SHIYONG WENTI FANYI LILUN
YU SHIJIAN

梁爽 著

中国书籍出版社
China Book Press

图书在版编目(CIP)数据

实用文体翻译理论与实践 / 梁爽著. —北京：
中国书籍出版社，2014.7
ISBN 978-7-5068-4291-4

Ⅰ.①实… Ⅱ.①梁… Ⅲ.①文体－翻译
Ⅳ.①H052

中国版本图书馆 CIP 数据核字(2014)第 166615 号

实用文体翻译理论与实践

梁　爽　著

丛书策划	谭　鹏　武　斌
责任编辑	张翠萍　成晓春
责任印制	孙马飞　马　芝
封面设计	崔　蕾
出版发行	中国书籍出版社
地　　址	北京市丰台区三路居路 97 号(邮编:100073)
电　　话	(010)52257143(总编室)　(010)52257140(发行部)
电子邮箱	chinabp@vip.sina.com
经　　销	全国新华书店
印　　刷	三河市铭浩彩色印装有限公司印刷
开　　本	710 毫米×1000 毫米　1/16
印　　张	13
字　　数	233 千字
版　　次	2016 年 7 月第 1 版　2016 年 7 月第 1 次印刷
书　　号	ISBN 978-7-5068-4291-4
定　　价	36.00 元

版权所有　翻印必究

前　言

　　语言既是文化的载体,又受到文体、修辞、风格等因素的影响。因此,翻译绝不是词典层面的字对字的翻译,而是对多种因素综合考虑的结果。目前,国际交流呈现出的一种新趋势是交流范围逐渐扩大的同时,交流层次也朝着多元化、专业化的方向发展。尤其是近些年来随着经济全球化的深入,世界各国、各地区之间的沟通与交流日益增多,文学、新闻、商务、法律、科技等实用文体在用词、句法、语篇等方面逐渐形成了各自的风格。作为语言之间的桥梁,翻译在不同文体中也表现出一些独有的特点。不了解英汉两种语言在不同文体方面的差异,就难以跨越经济文化交流过程中的语言障碍,进而影响交流的深度与效果。因此,研究英汉实用文体的特点及其翻译方法具有很强的现实意义。鉴于此,作者精心撰写了《实用文体翻译理论与实践》一书。

　　全书共八章。第一章对翻译进行了概述,主要探讨了翻译的界定、分类、标准、过程,并分析了翻译对译者的要求。第二章对文体进行了概述,首先讨论了文体的界定、分类与特征,然后阐述了其与各语言层级相关的内容。第三章分析了文体翻译过程中的文化、修辞、风格问题。第四章到第八章则依次探讨了文学文体、新闻文体、商务文体、法律文体、科技文体的翻译,首先分析了各文体的语言特点与翻译原则,然后对各文体的具体翻译方法展开了讨论。

　　本书的最大特点在于理论联系实践。目前市面上有许多与实用文体翻译相关的书籍,或者偏重翻译理论的讲解而忽视翻译实践,或者忽视理论分析而只进行翻译技巧的讲解。本书将理论与实践有机结合起来,紧紧围绕着"翻译"与"文体"两个关键词展开讨论,全面系统地介绍与实用文体翻译有关的理论,帮助学生建立起实用文体翻译的基本框架(第一章到第三章)。与此同时,为帮助读者对相关理论予以充分利用,又对具体实用文体中的语言特点与翻译方法进行了分析与研究,以帮助读者更深刻地体会不同文体中翻译方法的运用,进而提高翻译水平与翻译质量。此外,书中提供了许多翻译范例,读者既可用来体会翻译方法的运用,又可在具体的翻译过程中作为借鉴。总之,本书内容全面,具有极强的实用性。

  在撰写过程中,作者借鉴了许多专家、学者的观点,参阅了大量的文献资料,在此谨向他们表达最衷心的谢意!由于作者水平有限,书中纰漏、错误之处在所难免,敬请广大读者批评指正。

作　者

2014 年 7 月

目 录

第一章 翻译概论 ……………………………………………… 1
  第一节 翻译的界定 ………………………………………… 1
  第二节 翻译的分类与标准 ………………………………… 4
  第三节 翻译的过程 ………………………………………… 14
  第四节 翻译对译者的要求 ………………………………… 25

第二章 文体概论 ……………………………………………… 29
  第一节 文体的界定 ………………………………………… 29
  第二节 文体的分类与特征 ………………………………… 31
  第三节 文体与各语言层级 ………………………………… 33

第三章 文体翻译中的三个问题 ……………………………… 61
  第一节 翻译与文化 ………………………………………… 61
  第二节 翻译与修辞 ………………………………………… 70
  第三节 翻译与风格 ………………………………………… 82

第四章 文学文体翻译研究 …………………………………… 87
  第一节 文学文体语言特点研究 …………………………… 87
  第二节 文学文体翻译原则研究 …………………………… 93
  第三节 文学文体翻译方法研究 …………………………… 95

第五章 新闻文体翻译研究 …………………………………… 113
  第一节 新闻文体语言特点研究 …………………………… 113
  第二节 新闻文体翻译原则研究 …………………………… 124
  第三节 新闻文体翻译方法研究 …………………………… 126

第六章 商务文体翻译研究 …………………………………… 135
  第一节 商务文体语言特点研究 …………………………… 135
  第二节 商务文体翻译原则研究 …………………………… 144
  第三节 商务文体翻译方法研究 …………………………… 150

第七章　法律文体翻译研究 157
第一节　法律文体语言特点研究 157
第二节　法律文体翻译原则研究 169
第三节　法律文体翻译方法研究 173

第八章　科技文体翻译研究 177
第一节　科技文体语言特点研究 177
第二节　科技文体翻译原则研究 184
第三节　科技文体翻译方法研究 186

参考文献 198

第一章 翻译概论

在对实用文体的翻译进行研究之前,有必要对翻译的一些基本概念进行了解。在本章中,对翻译的含义进行了界定,同时分析了翻译的分类、标准、过程以及对译者的要求。通过对翻译进行概述,可以为下述章节的展开打下基础。

第一节 翻译的界定

有关翻译的准确定义,学术界至今还未形成一个统一的认识。这是由于学者对翻译的研究角度不同,有的学者侧重于翻译的形式与风格,有的学者着重于翻译的内容(语用和语义),因此对翻译的理解也不尽相同。这里主要对国内学者和国外学者的观点进行列举。

一、国内学者对翻译的界定

翻译在我国的历史十分悠久,不同的学者更是对翻译的含义有着不同的看法。

学者刘宓庆认为,"翻译的实质是语际的意义转换"。

学者许钧给翻译下的定义为:翻译是以符号转换为手段、意义再生为任务的一项跨文化的交际活动。

学者王克非(1997)为翻译下的定义是:"翻译是将一种语言文字所蕴含的意思用另一种语言文字表达出来的文化活动"。

学者林汉达提出,"正确的翻译就是尽可能地按照中国语文的习惯,忠实地表达原文中所有的意义"。

学者张培基(2008)给翻译下的定义为:翻译是运用一种语言把另一种语言所表达的思想内容准确而整体地重新表达出来的语言活动。

学者孙致礼主张：翻译是把一种语言表达的意义用另一种语言传达出来，以达到沟通思想情感、传播文化知识、促进社会文明，特别是推动译语文化兴旺昌盛的目的。

学者曹明伦认为，翻译"是把一种语言符号或信息编码表达的意义用另一种语言符号或信息编码表达出来的富有创造性的文化活动，它包括语内翻译、语际翻译和符际翻译"。

学者谭载喜认为，翻译"是把一种语言文字的意义用另一种语言文字表达出来的过程，它主要是一门技术，同时也具有许多艺术的特征，如它的创造性特征，但绝不是科学"。

学者林天煜认为，翻译（translation）是语言活动的一个重要组成部分，是指把一种语言或语言变体的内容变为另一种语言或语言变体的过程或结果，或者说把一种语言材料构成的文本用另一种语言准确而完整地再现出来。

学者沈苏儒提出，翻译是把具有某一文化背景的发送者用某种语言（文字）所表达的内容尽可能充分地、有效地传达给使用另一种语言（文字）、具有另一种文化背景的接受者。

学者张今指出，翻译是两个语言社会（language-community）之间的交际过程和交际工具，它的目的是要促进本语言社会的政治、经济和文化进步，它的任务是要把原作中包含的现实世界的逻辑映像或艺术映像，完好无损地从一种语言移注到另一种语言中去。

学者范仲英对翻译做过较为全面的界定："翻译是人类交流思想过程中沟通不同语言的桥梁，使通晓不同语言的人能够通过原文的重新表达而进行思想交流。翻译是把一种语言（即源语）的信息用另一种语言（即译语）表达出来，使译文读者能得到原文作者所表达的思想，得到与原文读者大致相同的感受。"

二、国外学者对翻译的界定

关于翻译的定义，国外学者也从不同的角度进行了界定。

纽马克（Peter Newmark）给出的翻译的定义为："Translation is a craft consisting in the attempt to replace a written message and/or statement in one language by the same message and/or statement in another language. Translating is rendering the meaning of a text into another language in the way the author intended the text."

卡特福德（J. C. Catford, 1965）认为，"Translation may be defined as follows: the replacement of textual material in one language by equivalent textual material in another language."

考利(Malcolm Cowley)认为，"Translation is an art that involves the recreation of a work in another language for readers with a different background."

威尔斯(Wilss)给翻译下的定义为："Translation leads from a source-language text to a target-language text which is as close an equivalent as possible and presupposes an understanding of the content and style of the original."

诺德(Christiane Nord)将翻译定义为："Translation is the production of a functional target text maintaining a relationship with a given source text that is specified according to the intended or demanded function of the target text."

约翰逊(Samuel Johnson)强调语用，因此他给翻译下的定义为："To translate is to change into another language, retaining as much of the sense as one can."

图瑞(Gideon Toury)认为，"A translation is taken to be any target-language utterance which is presented or regarded as such within the target culture, on whatever grounds."

雅各布逊(Jakobson)给翻译下的定义为："Translation is an interpretation of verbal signs by means of some other language."

奈达(Nida,1986)强调语义，他认为，"Translation consists in reproducing in the receptor language the closest natural equivalent of the source language, first in terms of meaning and secondly in terms of style."

哈蒂姆和梅桑(Basil Hatim & Ian Mason)从交际理论的角度给翻译下定义时，关注了翻译发生的"社会文化语境"(socio-cultural context)对翻译活动所产生的影响和制约作用，因此他们将翻译定义为"翻译是一种在某社会语境中发生的交际过程"。

弗米尔(Vermeer)认为，翻译是一种信息模仿过程，"翻译是用Z语言模仿A文化的A语言所提供的信息来提供信息，以实现所希望实现的功能。翻译不是通过换码的方式把词语或句子从一种语言转换成另一种语言，而是某人在新的功能、文化和语言等条件下，在新的环境中，通过尽可能模仿原文的形式特点来提供某文本信息的复杂活动"。(朱建平,2007)

巴尔胡达罗夫(Barkhudarov)认为，翻译是把一种语言的言语产物在保持内容方面(也就是意义)不变的情况下改变为另外一种语言的言语产物的过程。

通过中外学者对翻译的界定可以总结出,翻译既是一门科学,同时又是一门艺术。翻译的科学性主要体现在:它有着自己明确的理论体系和规律,同时在翻译的过程中还要符合一定的标准。翻译的艺术性主要是由于翻译是在源语的基础上,在译语中进行的再创造。

在实际的翻译过程中可以发现,翻译是一门跨学科的综合性学科,同语言学、社会语言学、语义学、语用学、文体学、跨文化交际、心理学等有着不可分割的关系。简言之,翻译是译者设法将一种语言所传递的信息用另一种语言表达出来的跨文化交际行为。①

第二节　翻译的分类与标准

翻译的科学性在很大程度上体现在其含有分类和不同等级的翻译标准。对翻译分类和翻译标准的了解可以明确翻译框架,为实用文体的翻译实践打下理论基础。

一、翻译的分类

(一)根据不同翻译角度分类

根据不同的翻译角度,不同的学者对翻译的分类也持有不同的看法。下面列举不同角度下的翻译分类。

1. 根据翻译性质分类

根据翻译的性质或手段,翻译可分为人工翻译和机器翻译(machine translation)。

人工翻译又可分为口译(oral translation 或 interpretation)和笔译(written translation 或 translation)。机器翻译是现代智能科学和现代对比语言学相结合的产物,机器翻译能够在相关领域代替人工翻译,是翻译手段的一种革新和发展。

2. 根据翻译题材分类

根据翻译的题材,翻译可分为专业文献翻译(translation for science

---

① 武锐.翻译理论探索.南京:东南大学出版社,2010.

and technology)、文学翻译(literary translation)和应用文体翻译(practical writing translation)。

按照翻译题材这一标准,也可以把翻译分为文学翻译(literary translation)和实用翻译(practical translation)。

文学翻译又包括诗歌、戏剧、小说等文学作品的翻译,它着重的是情感内容和修辞特征的表达。实用翻译则包括商务、科技、公文等资料的翻译,它着重的是实际内容的表达。

3. 根据翻译处理方式分类

根据翻译的处理方式,翻译可分为全译(full translation)、摘译(partial translation)和编译(translation plus editing)。

全译是指对原文文本的语篇和内容进行完整的翻译,是在翻译实践中最常见的翻译方式。摘译是指根据译文使用者的需要,仅对原文文本的某些部分进行选择性翻译,如仅译出某些章节、段落或句子。编译则是指在对原文文本完整地或有选择性地翻译的同时,对译文内容进行进一步的加工、取舍、调整、扩展或重组。

4. 根据译者的文化姿态分类

根据译者在翻译时所采取的文化姿态,翻译分为归化翻译和异化翻译。

归化翻译是指把在源语文化语境中自然适宜的成分翻译成为在译入语语言文化语境中自然适宜的成分,使得译入语读者能够立即理解。异化翻译是直接按照源语文化语境的适宜性翻译。可见,归化翻译其实就是我们通常所说的意译,而异化翻译就是我们通常所说的直译。

5. 根据翻译涉及的语言形式和意义分类

根据翻译所涉及的语言形式与意义,翻译可分为语义翻译和交际翻译。语义翻译是在译入语语义和句法结构允许的条件下,尽可能准确再现原作上下文的意义。交际翻译则追求译文读者产生的效果尽量等同于原作对原文读者产生的效果。

(二)著名学者对翻译进行的分类

不同的学者对翻译也进行过不同的分类,下面列举两位国外著名学者的翻译分类方式。

1. 卡特福德的分类

英国语言学家和翻译理论家卡特福德对翻译进行了如下分类。

(1) 根据翻译的层次，即语法、词汇、语音、词形等，翻译可分为完全翻译 (total translation)和有限翻译(restricted translation)。

完全翻译是指源语的语法和词汇被等值的译语的语法和词汇所替换。有限翻译则是指源语的文本材料仅在一个层次上被等值的译语文本材料所替换。

(2) 根据翻译的范围，可将翻译分为全文翻译和部分翻译。

全文翻译是指源语文本的每一部分都要用译语文本的材料来替代。部分翻译是指源语文本的某一部分或某些部分是未翻译的，只需把它们简单移植到译语文本中即可。部分翻译并非节译，而是某些词因为种种原因不可译或不译，只能原封不动地搬入译文。

(3) 根据语言的等级，即词素、词、短语或意群、分句或句子，可将翻译分为逐词翻译(word-for-word translation)、直译(literal translation)和意译 (free translation)。

逐词翻译是建立在单词级上的等值关系。意译"不受限制，可以在上下级之间变动，总是趋于向较高级的等级变动……甚至超过句子的层次"。直译则是介于逐词翻译和意译之间的翻译。

2. 雅各布逊的分类

学者雅各布逊(1966)认为，翻译是用另一种语言解释原文的语言符号。(Translation is an interpretation of verbal signs by means of some other language.)

雅各布逊在《论翻译的语言学问题》(*On Linguistic Aspects of Translation*)中，从符号学的角度，即按所涉及的两种代码的性质，将翻译分为语内翻译(intralingual translation)、语际翻译(interlingual translation)和符际翻译(intersemiotic translation)。下面对这三种翻译方式进行介绍。

(1) 语内翻译。语内翻译就是同一语言间不同语言变体的翻译，如把用古英语写的《贝奥武甫》译成现代英语，把用古汉语写的《史记》译成汉语，把长沙话译成普通话，把黑话译成普通语言等。[①] 也就是说，语内翻译是用同一语言的另一符号来阐释其言语符号(Intralingual translation or

---

[①] 贺雪娟. 商务英语翻译教程. 北京：外语教学与研究出版社，2007.

rewording is an interpretation of verbal signs by means of the same language.)。由此可以认为,语内翻译一般是指为了某种目的,在某种语言内部所进行的词句意义的转换。

语内翻译包括古代语与现代语、方言与民族共同语、方言与方言之间的转换。英语学习中解释疑难句子常常用到的 paraphrase 其实也是一种语内翻译,即同一种语言内部的翻译。

语内翻译不一定要指向某个预设的真理,它还可以沿着不同的路线导向不同的目的地,唯一能够确定的是,对同一文本的阐释有着共同的出发点。某种程度上,语内翻译不需要将意指对象完整真实地显现出来,它仅是一种表现形式,体现着人类精神的相互沟通和相互阐发的过程,人类精神文化的不断创造过程使人类的文化不断丰富起来。下面是有关语内翻译的例句,通过前后两个句子的对比,可以从中理解语内翻译的基本内涵。

Radiating from the earth, heat causes air currents to rise.

Heat causes air currents to rise when it is radiating from the earth.

余闻而愈悲。孔子曰:"苛政猛于虎也。"吾尝疑乎是,今以蒋氏观之,犹信。

(柳宗元《捕蛇者说》)

我听了(这些话)更加感到悲伤。孔子说:"苛酷的统治比猛虎还要凶啊!"我曾经怀疑这句话,现在从姓蒋的遭遇来看,这是可信的。

(2)语际翻译。语际翻译是一种语言的符号与另一种语言的符号之间的口头或笔头的转换,如英译汉、汉译英等。也就是说,语际翻译是运用另外一门语言的符号来阐释言语符号(Interlingual translation or translation proper is an interpretation of verbal signs by means of some other language.)。这也是人们通常所说的翻译,即狭义的翻译。语际翻译意味着两种或多种语言在它们共同构成的跨语言语境中进行的意义交流。[1]

通过上面的描述可以认为,语际翻译是对原文符号在另一种文化中的解读,原文本中所有的符号都置身于一个宏观的文化背景中,或称"非语言符号体系"中。要想达到语际翻译层面的对等,就要使处于源语文化中的符号在目的语文化中进行正确的解读与传译。从符号学的角度来讲,一个语言符号的指示意义由三种意义共同构成:语义意义、句法意义和语用意义(柯平,2001)。而如何正确地传达出这三种意义便是实现语际翻译的重点所在。例如:

---

[1] 蔡新乐. 语内翻译与语际翻译的比较. 外国语,2000,(2).

His criticisms were enough to make anyone see red.
他那些批评任谁都得火冒三丈。
空山不见人,但闻人语响。
返景入深林,复照青苔上。
A hollow mountain sees no soul,
But someone's speaking does echo.
As the setting sun penetrates the deep woods,
The reflective tints don on the moss.

(3)符际翻译。符际翻译是语言与非语言符号间的翻译,语言与手势语间的翻译、英语与计算机代码间的翻译、数学符号、音乐符号、手势语与旗语间的翻译等都属于语符翻译。简而言之,符际翻译就是运用非言语符号系统来阐释言语符号(Intersemiotic translation or transmutation is an interpretation of verbal signs by means of signs of nonverbal sign systems.)(Jakobson,1959)。例如:

$S=vt$,即路程等于速度乘以时间。

综上所述,符际翻译是指原文符号在非言语层面上的解读。它并不传递原文的意义,而是传递对原文的直接感觉,是对作为基于图像符号意义本身特性的翻译。具体来说,符际翻译对等表明了原文与译文的一些相关的物理特征。英汉差异使译文在长度、标点符号使用上难以达到对等,但在符际层面上至少要达到外观结构上的大致对等。

二、翻译的标准

译文质量的好坏需要有一定的标准作为衡量,这就是翻译的标准。在国内外的翻译研究中都存在对翻译标准的界定。

翻译的标准是用于指导翻译实践的准绳和衡量译文优劣的尺度。因此,翻译标准的确立对于指导翻译实践有着十分重要的意义。关于翻译的标准,古今中外的翻译家和翻译理论家都有过许多论述,可谓众说纷纭、百家争鸣。下面介绍一些中外较具影响的翻译标准。

(一)国内的翻译标准

1. 神似论

"神似论"的翻译标准是傅雷在《高老头》译序中提出的。他指出,"以效果论,翻译应当像临画一样,所求的不在形似而在神似。以实际工作论,翻译比临画更难。临画与原画，至少素材相同（颜色、画布、纸或绢），法则相同（色彩学、解剖学、透视学）。译作与原作，文字既不同，规则又大异，各种文字各有特色，各有不可模拟的优点，各有无法补救的缺陷，同时又各有不能侵犯的戒律。要传神达意，铢悉两称，自非死抓字典，按照原文句法拼凑堆砌所能济事的"。

2. 化境论

钱钟书先生认为，文学翻译的最高标准是"化"。他指出，"把作品从一国文字转变为另一国文字，既不能因语言习惯的差异而露出生硬牵强的痕迹，又能完全保存原有的风味，那就算得上入于化境了"。他还说，"好的译文应当仿佛是原文作者的译入语写作"。

3. 信顺说

鲁迅是中国近现代最伟大的文学家、思想家和革命家。对于翻译标准，他主张"信顺"兼顾。他在《且介亭文二集》中指出，"凡是翻译，必须兼顾两面：一当然力求其易解，一则保持原作的丰姿"。针对当时过分意译而"牛头不对马嘴"的胡译、乱译，他提出了"宁信而不顺"的原则。他认为既然是对异国语言文化的翻译，翻译就要有异国情调，就是所谓的"洋气"。

4. 信、达、雅

19世纪末，严复提出了"信、达、雅"的翻译标准，这一标准首先出现在其《〈天演论〉译例言》(1898)中："译事三难：信、达、雅。求其信，已大难矣！顾信矣，不达，虽译，犹不译也，则达尚焉。……译文取明深义，故词句之间，时有所颠倒附益，不斤斤于字比句次，而意义则不倍本文。假令仿此（西文句法）为译，则恐必不可通，则删削取径，又恐意义有漏。此在译者将全文神理，融会于心，则下笔抒词，自善互备。至原文词理本深，难于共喻，则当前后引衬，以显其意。凡此经营，皆以为达；为达即所以为信。《易》曰：'修辞立诚'。子曰：'辞达而已'。又曰：'言之无文，行之不远'。三者乃文章正轨，亦即为译事楷模。故信、达而外，求其尔雅。"

(1)信。关于"信"，严复认为，"译文应该抓住全文要旨，对于词句可以有所颠倒增删，只要不失原意，不必斤斤计较词句的对应和顺序"，在实际翻译中，为读者准确传达原作的内容。也就是说，译文需要完整而准确地表达原作的内容，不允许有任何篡改、歪曲、遗漏或任意增添的现象。例如：

He took all his pains and what was left of his strength and his long gone pride and he put it against the fish's agony and the fish came over on his side and swam gently on his side…

原译:他要唤起久已丧失的自傲,忍住所有的痛楚,去克服那鱼临死的挣扎。鱼身倾斜了,它侧着身体缓缓地游着……

改译:他忍着一身痛,使出还剩下的一点力气,鼓起早已丧失的自信,与临死挣扎的鱼拼搏着。终于,鱼翻过了身子,侧着身体缓缓地游着……

上例中的原译文有几处是对原文的"不信"。例如,"他要唤起……"中的"要"在汉语中表将来时,而原文是过去时;原文中的 what was left of his strength 在原译中被遗漏,没有译出;the fish came over 中的 over 一词有"翻过身子"的意思,但原译译为"倾斜",这是对原文意思的篡改。这些都是对原文的"不信"。

(2)达。关于"达",严复认为,"达非常重要。只信而不达,译了等于没译;只有做到达,才能做到信。要做到达,译者必须首先认真通读全文,做到融会贯通,然后进行翻译。为了表达原意,可以在词句方面做必要的调整改动"。在实际翻译中,译文应尽量运用译语读者常见的表达方式。译文语言应通俗易懂,避免出现文理不通、结构混乱、逻辑不清的现象。例如:

This nation's best-loved author was every bit as adventurous, patriotic, romantic and humorous as anyone has ever imagined.

原译:这位全国最受热爱的作家完全像任何人以往想象的那样冒险、爱国、浪漫和幽默。

改译:这位全国最受欢迎的作家的探索精神、爱国思想、浪漫风格和幽默风趣,丝毫不亚于人们所能想象的程度。

上例中的原译读起来不通畅,让人觉得很拗口,表达很不地道。

(3)雅。关于"雅",严复认为,"译文要雅,否则没有人看。'雅'是指'古雅',要采用汉代以前使用的文言文"。在实际翻译中,现代翻译学家赋予了"雅"新的含义,要求译文具有美学价值,译文的风格要尽量体现原文的风格。例如:

We'd like to express our appreciation to you for all you've done for us in the trade.

原译:我们对于你们在这笔交易中为我们所做的一切表示由衷的感谢。

改译:本次交易,多蒙鼎力协助,不胜感激之至。

上例中的原文属于商务信函中的用语,句子比较正式、雅致,因此翻译时汉语也应该体现这一风格,可以运用约定俗成的表达将其译出。

严复的信、达、雅翻译标准,引起了翻译界众多人士的关注和评论,对我国翻译界影响极深。

第一章 翻译概论

5. 信、达、切

刘重德教授在其著作《文学翻译十讲》中提出了信、达、切"三位一体"的翻译标准。该标准是对严复"信、达、雅"翻译标准的继承和发展。

(1) 信：信于内容，指内容的忠实性(A translation should be faithful to the content of the original.)。

(2) 达：达如其意，指句子的表达性(A translation should be as expressive as the original.)。

(3) 切：切合风格，指风格的贴切性(A translation should be as close to the original style as possible.)。

刘重德教授用"切"替代了严复的"雅"字，因为他认为"雅"即所谓的"尔雅"或"文雅"，实际上是很多风格中的一种，翻译起来不能一律要求"雅"，应该实事求是、恰如其分，切合原文风格。"切"是个中性词，适用于各种不同的风格。

6. 忠实、通顺、美

林语堂在其《论翻译》中提出了"忠实、通顺、美"的标准。这一提法实质上是将严复的标准进行了继承与拓展，用"美的标准"代替了严复"雅"的标准。他认为译者不但要求达义，并且要以传神为目的，译文必须忠实于原文之字神句气与言外之意。

7. 意美、音美、形美

许渊冲先生(1984)认为，翻译不但要译意，还要译音、译形，争取意美、音美、形美。他总结出"译经"，其内容是："译可译，非常译；忘其形，得其意。得意，理解之初；忘形，表达之母。故应得意，以求其同；故可忘形，以存其异。两者同出，异名同谓：得意忘形，求同存异，翻译之门。"他的"译经"对翻译工作有着很重要的指导作用。

许渊冲先生曾经谈到他在翻译杜甫《登高》里的两句诗"无边落木萧萧下，不尽长江滚滚来"时是如何做到"意美、音美、形美"的。"无边落木"的"木"后面接"萧萧"，两个草字头，草也算木；"不尽长江"中的"江"是三点水，后面的"滚滚"也是三点水，翻译成英文时要体现这一形美的特征是难以做到的。许渊冲先生把这两句诗译成："The boundless forest sheds its leaves shower by shower; The endless river rolls its waves hour after hour."这样，草字头就用重复 sh(sheds, shower)的译法，三点水则用重复 r(river, rolls)和 hour 的译法，体现了原诗的音美和形美，与原文的风格保持一致。

8. 翻译标准多元化互补论

辜正坤教授(1989)提出了"翻译标准多元互补论"。所谓"翻译标准多元互补论",是"一个由若干个具体标准组成的相辅相成的标准系统,它们各自具有其特定的功能"。辜正坤认为,具体的翻译标准应该而且是多元的而不是一元的。翻译标准可以分成抽象标准和具体标准两大类,这两大标准构成一个互相制约和补充的有机系统。其理论的要点包括以下几个方面。

(1)翻译标准是多元的。

(2)多元标准是互补的。

(3)具体标准中又有主标准和次标准的区别,主标准也称为"可变主标准"。

辜正坤教授认为,翻译应该博采众长,使译文无限接近原文。由于文学接受者(含翻译工作者)的文化素养和审美心理有差别,他们对译文价值的认可程度也会出现差异,因此翻译标准就会因人而异,其结果是没有也不可能有一个绝对的标准,翻译的标准应该是多元化的,而且各种标准只有在互相补足的情况下才能发挥自己的优势,才能成就上佳的译文。

综上所述,对于翻译的原则不同的学者观点也不尽相同。但是对其进行总结可以发现,翻译的标准在时代的发展中都带有一定的局限性。目前,我国的翻译标准为"忠实、通顺"。

"忠实"是翻译中最重要的原则,指译文不仅忠实原作的内容,同时还要尽量保持原作的形式与风格,译者应忠实而确切地传达作者的思想,译者没有权利为了满足自己的喜好而随意改变原作的意思。"通顺"则要求译文与原文一样流畅、自然,译文必须用明白晓畅的现代语言,文理通顺、结构合理、逻辑关系清晰,没有语言晦涩的现象。

忠实与通顺之间的关系十分密切。忠而不顺,读者读不懂,也就谈不上忠;顺而不忠,失去原作风格、内容,通顺也就毫无意义。因此,译者必须在透彻地理解原作的基础上,把所理解的东西用译语加以确切表达。翻译要求在忠实于原作内容的前提下,力求译文形式的通顺,同时还要在译文通顺的前提下,尽可能做到忠实于原作的形式。

(二)国外的翻译标准

1. 多雷的翻译五原则

法国翻译家多雷(Etienne Dolet,1540)在其论文 *La maniere de bien traduire d'une langue en aultre*(*The Way of Translating Well from One*

Language into Another)中根据翻译的重要性列出了翻译的五原则。多雷的五原则按照重要性排列如下。

（1）The translator must perfectly understand the sense and material of the original author although he(she) should feel free to clarify obscurities.

（2）The translator should have a perfect knowledge of both SL and TL, so as not to lessen the majesty of the language.

（3）The translator should avoid word-for-word renderings.

（4）The translator should avoid Latinate and unusual forms.

（5）The translator should assemble and liaise words eloquently to avoid clumsiness.

2. 泰特勒的翻译三原则

泰特勒（Alexander Fraser Tytler）在其《翻译的原则》一书中提出关于翻译的三条基本原则，具体内容如下。

（1）译文应完整地再现原作的思想内容。（That the translation should give a complete transcript of the ideas of the original work.）

（2）译文的风格、笔调应与原作的性质相同。（That the style and manner of writing should be of the same character with that of the original.）

（3）译文应像原文一样流畅自然。（That the translation should have all the ease of the original composition.）

泰特勒认为，译文不应该只强调原文的语言特征，而应该与原文在思想、风格、笔调、行文等方面保持一致。只有在忠于原文的内容、文风以及表达的情况下，才能使译文在内容、神韵和形式上与原文保持一致。泰特勒的翻译三原则对当前的翻译实践依然意义重大，这三个原则也普遍被国内外翻译界看作翻译的基本原则。

3. 纽马克的"文本中心论"

纽马克提出了"文本中心论"，他把要翻译的对象看成文本，并根据语言的功能把文本分为三大类：表达型、信息型和呼唤型。表达型包括严肃的文学作品、声明和信件等；信息型包括书籍、报告、论文、备忘录等；呼唤型包括各种宣传品、说明书和通俗小说等。纽马克认为，不同的文本应该用不同的翻译方法，他把翻译方法分为语义翻译和交际翻译两种，前者强调忠实于原作"原作者"；后者强调忠实于译作"读者"，不同的评价标准，不同的"等效"要求（冯伟年，2006）。

4. 奈达的"读者反应"

奈达主张把翻译的重点放在译文读者的反应上,应当把译文读者对译文的反应和原文读者对原文所可能产生的反应进行对比。关于翻译的实质,奈达认为"翻译的实质就是再现信息"。奈达认为,判断译作是否译得正确,必须以译文的服务对象为衡量标准。他主张"衡量翻译质量的标准,不仅仅在于所译的词语能否被理解,句子是否合乎语法规范,而在于整个译文使读者产生什么样的反应"。因此,奈达主张译出各种不同的供选择的译文,让读者检验译文是否明白易懂,所以一个好的译者总是要考虑对同一句话或一段文章的各种不同的译法。总之,奈达把读者因素纳入翻译标准里,对翻译标准研究影响重大。

5. 费道罗夫的确切翻译原则

前苏联的翻译理论家费道罗夫提出了"确切翻译原则",他认为翻译的确切性就是表达原文思想内容的完全准确和在修饰作用上与原文的完全一致。其核心内容就是"等值论"或等值翻译。费道罗夫认为,以下两项原则对于一切翻译工作者来说都是共通的。

(1)翻译的目的是尽量确切地使不懂原文的读者(或听者)了解原作或讲话的内容。

(2)翻译就是用一种语言把另一种语言在内容与形式不可分割的统一中业已表达出来的东西准确而完全地表达出来。

费道罗夫是第一个从语言学角度对翻译理论进行系统研究并向传统翻译理论研究发起挑战的学者,他坚持认为译文与原文之间完全可以确立确切对等的关系。

第三节 翻译的过程

翻译的过程是在理解原文的基础上,用译入语对原文进行创造和再现的过程。翻译的过程大体上可以分为理解、分层、表达、校改这四个阶段。

一、理解阶段

在进行译文写作之前,首先应该对原文进行理解。理解是翻译进行前的第一步,对原文进行准确、全面的了解是正确进行译文表达的先决条件。

(一)理解语言现象

在对原文进行理解时,首先应该对原文中的语言现象进行了解,这其中主要涉及对词汇含义、句法结构、修辞手段、惯用法等的理解。

1. 理解词汇含义

英语词汇有很多都是一词多义。这就是说,同一个英语词汇在不同的语言环境中有着不同的含义。在翻译这类词语时,不仅应该熟知词汇的一般含义,还要结合具体的语境对词汇的引申含义进行细致分析。例如:

Sometimes you might think the machine we worship make all chief appointments, promoting the human beings who seem closest to them.

有时你可能认为,一切重要的官职都是由我们所崇拜的当权人物任命的,他们提拔那些似乎与他们最亲近的人。

在对译文进行翻译时,如果将原文中的 machine 翻译为其本意"机器",会使译文十分难懂,并且不符合逻辑。对原文进行分析可以发现,句中的代词 them 指代 machine,这就说明 machine 一词在句中是一集合名词。根据句中的动词 make 和 promoting 引导的分词短语这一具体的语境,说明 machine 一词在此处是有生命的、有思想的,因此应该翻译为"核心人物"或"当权人物"。再如:

In the sunbeam passing through the window are fine grains of dust shining like gold.

细微的尘埃在射进窗内的阳光下像金子般闪闪发光。

原文中的 fine 一词不能译为其字面意义"好的",而应理解为"纤细""微小"。

在具体的翻译实践过程中,由一词多义现象可以引起很多歧义。这种歧义主要有以下几个方面。

(1)专有名词先天性歧义。

(2)普通名词先天性歧义。

(3)普通词语结合后产生新义。

(4)普通词语与专业术语的词义混淆。

2. 理解句法结构

英汉语言属于不同的语言体系,其中汉语属于汉藏语系,英语则属于印欧语系。同时,由于英汉民族在思维方式、语言使用习惯等方面存在不同,因此英汉语言在句子结构方面也带有很大的差异性。

在表达同一种含义时，英汉民族可能会采用不同的句法结构。因此，在翻译实践中，译者需要对原文的句法结构进行理解和分析，从而找出适合译入语的句法结构，进行正确的句意表达。例如：

There was no living in the island.

那岛不能居住。

要想正确翻译原文，需要准确理解英语中句型"there is no…＋动名词"的意思，这一句型实际上相当于"we cannot＋动词原形"或"it is impossible to do…"。因此，原文如果译为"那岛上无生物"就是不正确的。

She moves a hand back and forth on a slat of the seat she is seating on, her fingers caressing the smooth timber, the texture different where the paint has worn out.

她用手在座椅的一条横木上来回摩挲着，手指爱抚地摸着光滑的木头，油漆磨掉的地方木料的质感不同。

在对原文进行翻译时，首先应该对原文的句子脉络进行了解。通过观察可以发现原文是一个比较长的复合句，由一个主句和两个独立的结构组成。在主语中还包含了一个定语从句。主句传递主要信息，第一个独立结构与主句意义上有隶属关系表伴随动作，第二个独立结构还带一个状语从句，并且在形式上与第一个独立结构并列，但意义上隶属于第一个独立结构，说明第一个独立结构中 timber 的状态。通过对原文句子成分和结构的分析，在翻译时译者就能准确把握原文脉络，从而为下面的翻译打好基础。

3. 理解修辞手段

修辞是语言美化的重要手段，修辞的运用离不开具体的语境，也离不开语言自身的语音、语法和词汇特点。理解修辞手段也是正确表达的重要前提。在进行原文理解时，也需要对原文的修辞加以注意。例如：

An individual human existence should be like a river—small at first, narrowly contained within its banks, and rushing passionately past boulders and over waterfalls. Generally the river grows wider, the banks recede, the waters flow quietly, and in the end, without any visible break, they become merged in the sea, and can painlessly lose their individual beings.

(Bertrand Russell: *How to Grow Old*)

在上面的文章中，作者用河流来比喻人生，因为河流是看得见、摸得着的，而人生对大多数人来说是极其抽象的概念。通过类比，读者了解到了人生是由不同阶段组成的,且各个阶段都有其自身的特点。①

4. 理解习惯用法

在翻译过程中,正确理解一些词语在某些情况下的习惯用法也是非常重要的。例如:

Tom is now with his parents in London; it was already four years since he was a teacher.

汤姆现在同父母住在伦敦市;他不做教师已经四年了。

译者如果不理解原文中 since 在这种情况下的习惯用法,即 since 从句中的过去式联系动词 was 或 were 是指一种状态的结束,那么就很容易将原文译为"汤姆现在同父母住在伦敦市;他做教师已经四年了",这样便和原文想表达的意思完全相反。

(二)理解逻辑关系

在一定程度上说,翻译实践也是对译者思维活动的锻炼。汉语的句法重意合,句中的各意群、成分往往通过内在的联系贯穿在一起,至于内在的主从或并列须由读者自己去体会。而从句子的整体上看,意思很清楚。英语的句法则重形合,句中各意群、成分的结合及其相互关系都用适当的连接词和介词来表达。因此,翻译时必须首先从逻辑上弄清楚句中各部分在意义上的关系,然后再按照目的语的语法规范和表达方式加以处理。例如:

Rust is an abrasive and can cause damage to the injection components.

铁锈具有磨蚀作用,所以能损坏喷射元件。

在英语中,and 是一个连词,常用来表示并列关系。但除此之外,它还可以表示其他含义,如表示隐含的因果关系。从原文想传达的逻辑联系来看,"腐蚀作用"是原因,"损坏"是结果,两者是因果关系而不是并列关系。因此,此例中的 and 应译为"所以"而不是"并且"。

(三)理解文化背景知识

由于英汉语言是不同文化的反映,受文化的影响极大,因此在翻译过程中,译者不仅要正确理解原文的语言现象和逻辑关系,还要充分理解原文中所涉及的文化背景知识,对两种文化之间的转换进行巧妙的处理,尽量做到译文与原文的"意义等值"。例如:

A cabal was soon formed among the ministers after the departure of

---

① 李运兴. 汉英翻译教程. 北京:新华出版社,2006.

the king.

国王一离开，大臣中便形成了一个阴谋集团。

原文中的 cabal 一词来源于英国著名的历史典故：英国国王查理二世统治时期，有五位大臣结成阴谋集团，他们名字的第一个字母分别为 C,A,B,A,L。如果对这个典故不熟悉，就不知原文是什么意思，也就很难译出正确的译文。如果进行直译，还可能造成句意错误，影响读者对原文的理解。

二、分层阶段

分层阶段和理解阶段其实是相辅相成的，这里主要根据纽马克（1998）的观点，从自然层次、文本层次、语篇层次和所指层次来说明分层对翻译的重要性。

（一）自然层次

初学翻译的人常常可能译出很别扭的译文来，除了译者自身文字功底弱以外，主要是由于太拘泥于原文，选词用字照抄词典，忽视上下文是否合适，过于拘泥于原文的句子结构如词序等，这就涉及自然层次的问题。所谓自然层次，是对译文行文的基本标准。一般说来，所有类型的文本译文都必须自然流畅，符合译入语的习惯。例如：

She was dancing gracefully in the room.

误译：她正在房间里非常优雅地跳着舞。

正译：她正在房间里跳舞，舞姿非常优雅。

英语中 dance gracefully 是符合英语词语搭配的，但是如果直译为"优雅地跳着舞"则不符合汉语的词语搭配习惯。再如：

It takes ten minutes to get there on foot.

误译：需要10分钟才能步行到那儿。

正译：步行到那儿需要10分钟。

原文中 it 是形式主语，真正的主语是不定式短语，而汉语中是没有形式主语的。故完全按照原文的词序翻译，把不定式放在句末是不符合汉语的行文习惯的。

（二）文本层次

1. 文本内层次的划分

早在古代，中国和希腊就有文本层次的论述，主要是阐述文学文本中言、意、象之间的关系,这种层次的划分主要是文本内层次的划分。

在西方,现象学家英加顿(R. Ingarden)将文学作品的构成要素划分为五个层次:字面层、词和句的意义单元层、客体的图式化观象层、被再现客体层、形而上学性质层。这五个层面逐层深入、彼此沟通、互为条件,成为一个有机的统一体。

在我国,以童庆炳的"三分法"最具代表性,他把文学作品的构成概括为文学话语层、文学形象层、文学意蕴层。这样的划分大大丰富与细化了传统上对文学作品"理解"的层次与内涵,为翻译和翻译研究奠定了基础。

2. 文本外层次的划分

从文本外层次也可以对文本进行划分。根据埃文-佐哈(Itamar Even-zohar)的"多元系统"理论,翻译现象不是孤立的文本翻译行为,翻译行为本身还会受到其他系统和因素的影响,即文本外因素(extratextual factors)的影响,如赞助人、意识形态、诗学等。因为在翻译过程中,如果语言层面的考虑与意识形态或诗学层面的考虑相冲突,最后胜利的还是意识形态或诗学,语言的考虑让位于后者。①

3. 文本的功能划分

德国功能语言学家莱斯(Reiss)根据文本的功能,将文本划分为"信息型""表达型"和"祈使型"三类。

根据这种分类方式,纽马克又按体裁将文本的分类标准具体化。他的具体划分标准如下:

(1)表达型文本包括:严肃文学作品、官方文告、自传文学、私人书信等。

(2)信息型文本包括:自然科学、科技、工商经济方面的读本、报告、文件、报刊、备忘录、会议记录等。

(3)呼唤型文本包括:通告、说明书、公共宣传、通俗作品等。

纽马克明确指出,"语义翻译"适用于"表达型文本","交际翻译"适用于"信息型文本"和"功能型文本"。但在具体的操作中他进一步强调,很少有文本是只有单纯的一种功能,大部分文本都是以一种功能为主而其他二者兼而有之。因此,译者必须首先确定一种文本的主要功能,或在同一文本不同部分确定每一部分的语言功能,从而有针对性地采用相应的翻译策略和手法,或用"语义翻译"贴近原文,或用"交际翻译"顾及译文读者,注重译文

---

① 转引自谢天振.中西翻译简史.北京:外语教学与研究出版社,2009.

效果。① 例如:

In the old days, Beijing was hot on rhetoric but cool toward everything else.

译文1:在过去的日子里,北京在言辞上是热的,而对其他一切事情却是冷的。

译文2:过去,北京总是言辞激烈却处事冷静。

通过对上述两种译文进行分析可以看出,译文1"紧贴了原文的语义结构",结果却是词不达意,严重偏离了原文的思想内容。译文2摆脱原文字面的束缚,灵活变通,按译文的习惯突出表达了原文的实质内容。

(三)语篇层次

语篇是通过衔接和连贯获得的。所谓"衔接",即词语连接,是指语篇内各个部分在语法或/和词汇方面的联系,是语段、语篇的重要特征。而"连贯"是指以信息出发者和接受者双方共同了解的背景为基础,通过逻辑推理达到语义的连贯,它是构成话语的重要标志。每一种语言都有自己独特的衔接方式。

英语的行文过程中,要靠多种衔接手段达到文本的连贯性,但汉语行文中并非如此,只要意义连贯,行文表面上是否衔接(有连接词)无关紧要。因此,在翻译时切不可盲目地完全照搬原文的衔接方式,而需要在充分理解原文的基础上,采用地道的译入语的衔接方式去组织译文。例如:

The English arrived in North America with hopes of duplicating the exploits of the Spanish in South America, where explorers had discovered immense fortunes in gold and silver. Although Spain and England shared a pronounced lust for wealth, differences between the two cultures were profound.

原译:英国人抱着和西班牙人开拓南美洲一样的动机来到北美洲,西班牙的探险者在南美洲发现了大批金银财宝。虽然西班牙和英国都同样明显地贪图财富,但是两国的文化却存在着很大的差异。

改译:当年西班牙探险者在南美洲发现了大批金银财宝。英国人来到北美洲的动机也如出一辙。尽管两国对财富的贪欲同样强烈,但是两国在文化上却存在着巨大的差异。

通过对原文进行观察可以发现,其是由两句话组成的,在第一句话中包含着一个定语从句。原译将它拖在主句的后面,结果两个句子之间的衔接显得非常别扭,整个段落支离破碎。改译中根据汉语习惯按时空顺序组织句子的规律,将原文中的定语从句译成汉语后放在主句之前,这样整个段落

---

① 贾文波. 应用翻译功能论. 北京:中国对外翻译出版公司,2004.

就比较连贯了。

(四) 所指层次

所指层次是指译者对原文所指意义的把握。翻译不是在真空中发生的文本转换,原文句子结构模糊、语义不清是时有发生的。翻译过程中,译者必须透过文字的表象抓住文字的本质,并用译入语把它们准确地描绘出来。这时由于两种语言的差异,译入语的文字和原文就可能存在着一定的距离。例如:

A:You alone here?
B:I'm saving myself for you.
误译:A:你一个人?
    B:我在为你救我自己。
正译:A:你一个人?
    B:我在等你呀。

对原文的情境进行还原可以知道,舞会上,一位男子独自一人坐在边上看别人跳舞,这时一位女子上前问他"You alone here?",意思是"你怎么没有舞伴?"男子的回答带有幽默的味道。其中的 save 这个动词和"救"毫无关系,因为他显然不存在任何危险。他的本意是"省下来",也就是说我(把自己省下来)不和别人跳舞是为了和你跳。但是因为汉语中找不到与此完全对应的词汇,因此只能退而求其次,将真实的含义表达出来。

三、表达阶段

在翻译实践中,理解阶段和分层阶段都是为表达阶段服务的。这就是说,正确的理解和分层是表达的前提,表达是由源语向译入语转换的关键。表达的好坏取决于译者对源语的理解程度和驾驭两种语言的能力。可见,理解正确并不意味着表达正确。要实现译文的忠实、通顺,还需要采用很多具体的翻译方法和技巧。下面对表达阶段中的两种关系进行介绍和分析。

(一) 内容和形式的关系

在翻译和翻译研究中,内容和形式是其研究的中心问题。无论是我国古代的"文、质"说、近代的"信、达、雅"说以及现代的"神似""化境"论,还是西方泰特勒的"翻译三原则"以及奈达的"功能对等"理论,无一不是围绕如何在译文中有效地转译出原文的内容与形式来展开论述的。

任何语篇都是内容与形式的统一体。内容的表达需要借助一定的形式,特定的形式往往表达特定的内容。因此,要做到忠于原文,译者既要善于移植原文的内容,还要善于保存其原有的形式,力求形神俱备。所谓形式,一般包括作品的体裁、结构安排、形象塑造、修辞手法等,译文应尽可能将这些形式表现出来,借助"形似"更充分地表达原文的内容。例如:

Henry Kissinger had slept there before, in July and again in October.

译文1:在此之前,亨利·基辛格曾经两度在这里下榻,一次是七月,另一次是十月。

译文2:这之前,亨利·基辛格在七月和十月两次在这里过夜。

译文3:七月和十月,亨利·基辛格曾经两次在这里睡觉。

在对原文进行翻译时,首先应该知道句中人物 Henry Kissinger 指美国前国务卿,因此对其的介绍应该使用相对正式的风格。在译文中,除了要将原文的含义进行正确传达之外,同时也要尽可能地表现出原文的风格。上述三个例子虽然都通畅地表达出了原文含义,但是在表达形式上却各有特点。

译文1语体风格比较正式,如"两度""下榻";译文2语体风格居于正式与口语之间,如"两次""过夜";译文3则倾向于口语体,如"两次""睡觉"。通过对原文人物文化背景的了解,可以知道原文叙述应该较为正式,因此应该采用较为严肃的语言。译文1形神兼备,充分表达了原文的内容和形式,语言风格也更加忠实于原文。

(二)直译和意译的关系

在进行翻译的过程中,选择适合的翻译方法十分重要。在翻译理论研究的过程中,学术界对以"直译为主"还是"意译为主"的问题进行过长时间的讨论。

1. 直译

直译是在译文语言条件许可的情况下,既保持原文的思想内容,又尽可能保持与原文语言形式相对应的翻译方法。原文语言形式包括词序、语序、修辞方法、比喻、形象和民族地方色彩等。[1]

需要指出的一点是,对原文进行直译,并不意味着对原文进行一句一句的死译。直译也需要根据具体的情境和文体特点进行适当翻译。例如:

---

[1] 杨贤玉. 英汉翻译概论. 北京:中国地质大学出版社,2010.

Hitler was armed to the teeth when he launched the Second World War, but in a few years, he was completely defeated.

希特勒在发动第二次世界大战时是武装到牙齿的,可是不过几年,就被彻底击败了。

原文中的习语 armed to the teeth 形象生动,属于一种约定俗成的直译用法。如果将这个习语意译为"全副武装",反而减少了原文的形象性,同时也和惯用法不符。

A month ago he was a man of men. Today he seemed truly touched by divine spirit, which spiritualized and elevated him.

一个月前,他是个凡夫俗子。今天,他似乎真正得到了圣灵的点化,使他超凡入圣了。

本句中"圣灵的点化"是 touched by divine spirit 的直译,既不失原意,又合乎汉语规范,容易为汉语读者所理解。

2. 意译

意译是指根据原文大意来翻译,不进行逐字逐句的翻译。也就是说,意译强调的是"神似"而不注重原作的形式,译文可以不拘泥于原文在词序、语序、语法结构等方面的形式,自然流畅既可。

但是也要注意,意译并不是根据译者的主观想法随便乱译,不能随意删减原文内容,更不能随便增加原文内容。例如:

Do you see any green in my eye?

你以为我是好欺骗的吗?

这句如按原文逐词直译为"你从我的眼睛里看到绿颜色吗?"便会让人无法理解,所以只能意译。

A woman without a man is like a fish without a bicycle.

没有男人的女人犹如没有自行车的鱼。(直译)

女人用不着男人,就像鱼用不着自行车一样。(意译)

上例从用词造句看,直译与原文可谓亦步亦趋,但谁能看得懂这样的译文呢?意译改变了原文中 without 短语作定语的形式,原文的含义在译文中就一目了然了。

四、校改阶段

在翻译过程中,最后一步就是校改。校改是翻译过程中必不可少的重要环节。通过这个阶段,译者能够对译文进行整合,从而发现译文中的漏洞,进而对原文内容进行进一步的核实,对译文词汇和语言进行进一步的推敲和完善。

(一)校改的任务

需要说明的是,校改阶段并不是简单的改错阶段,译者需要对这个阶段加以重视。在校改阶段译者需要完成的任务主要有下面两个。
(1)检查译文是否精确。
(2)检查译文是否自然简练。

(二)校改的内容

在实际的翻译校改阶段,译者需要注意校改以下几个问题。
(1)校核译文在人名、地名、日期、方位、数字等方面有无错漏,标点符号是否使用准确。
(2)校核译文的段、句或重要的词有无错漏。
(3)检查成语以及其他固化的表达结构,包括各种修辞手法和修辞习惯等方面有无错漏。
(4)力求译文没有冷僻罕见的词汇或陈腔滥调,力求译文标点符号的使用正确无误。
(5)检查译文的逻辑关系是否清晰。
(6)检查译文的风格是否与原文的风格一致。

(三)校改的次数

一般情况下,译文必须校改两遍以上。第一遍着重校核内容,第二遍着重润饰。润饰是为了去掉初稿中的斧凿痕迹,即原文对目的语的影响或干扰,使译文自然流畅,更符合目的语的习惯。通常的做法是先抛开原文,以地道的、目的语的标准去检查和衡量译文,并进行修改和润饰。如果时间允许,再把已校核两遍的译文对照原文通读一遍,进行最后一次的检查、修改,务必使所有问题都得到解决,这样译文才算是定稿。[①] 此外,如果条件许可,最好能请别人挑挑错,因为译者本人往往受自身思维模式的束缚,很难发现自己的错误。译者还可以在校改完之后将译文放置几天,再拿出来看时或许又会发现一些之前没发觉的问题。

---

① 张培基. 英汉翻译教程. 上海:上海外语教育出版社,2009.

第四节 翻译对译者的要求

翻译是一门综合的精深艺术,是一项复杂的工作,对译者有较高的素质要求。这些素质要求主要包括扎实的语言基础、宽广的知识面、必要的翻译技巧以及良好的工作态度。

一、语言基础稳固扎实

翻译考验的是译者对两种语言的掌控能力和驾驭能力。因此,译者具有扎实的语言基础十分必要。译者对语言的驾驭能力主要表现在译者的理解能力和表达能力方面。

(一)理解能力

由于中英文语言之间存在差异性,这些差异在很多方面都干扰着译者的理解能力,如词汇量、语法结构以及利用语境确定语义等。翻译不仅仅是字面意思的传达,仅靠字典是不能做好翻译的,还要根据语境把握其深层的含义。例如,在《汉英词典》上可以查出"打"的英文表达是 hit,strike,beat,而下列的"打"却有不同的表达。

打字 to typewrite
打的 to take a taxi
打水 to get some water
打铁 to forge iron
打毛衣 to knit
打篮球 to play basketball
打井 to dig a well

再如,英语中的 black 在词典上的意思是"黑色的",而在不同的搭配中却表达了不同的汉语意思。例如:

black mark 污点
black despair 绝望
black tea 红茶
in a black mood 情绪低落
a black ship 被抵制装卸的船

a black stranger 完全陌生的人

又如：

Here the captured comrades were jammed together like sardines.

译文1：这里被俘的同志像沙丁鱼一样被驱赶在一起。

译文2：上尉同志在这儿被挤得像个沙丁鱼。

以上两种译文的错误都是因为译者的外语水平不够扎实。译文1系译者不认识jam所致；译文2系译者误将capture看作了captain所致。

(二)表达能力

翻译并不是要求译者用自己的思想和话语对原文进行再创造，而是要用原作者的思维将他的观点移入到译入语中。因此，翻译对译者的表达能力提出了很高的要求。它要求译者能够熟知源语和译入语之间在语音、词汇、句法、修辞和使用习惯上的差异，力求使译文的表达通顺流畅。例如：

There's no pot so ugly that it can't find a lid.

译文1：没有丑到配不上一个盖子的罐子。

译文2：罐儿再丑，配个盖子不发愁。（姑娘无论多么丑也能配个汉子。）

译文1读来未免平板滞重；而译文2的表达则意韵合拍，风趣隽永，顿成妙笔佳句。由此可以看出，如果译者没有扎实的语言基础，翻译质量也就得不到基本的保证。

二、翻译技巧熟练运用

要想做好翻译工作，必要的翻译技巧和策略应用能力也是译者必须具备的。译者若想对翻译技巧熟练运用，需要从下面两个方面入手。

(一)系统学习翻译理论知识

掌握系统的理论知识是进行翻译的前提和基础。因此，译者要注重对翻译理论知识的学习，在学习中系统分析和总结相关的翻译技巧与策略。

例如，各种文本的翻译策略和技巧：探讨如何翻译科技文本、文学文本、新闻文本、公文文本等具有不同风格和功能的文本；语言层面的翻译技巧：词语、句子、篇章的翻译技巧；文化层面的处理方法：归化、异化的应用。

(二)加强理论联系实际的能力

翻译其实是对译者理论联系实际能力的考验。这需要译者用正确的理论指导翻译实践,多学习一些翻译名家的范文,经常进行实践,坚持在翻译实践中学习翻译理论,不断总结经验,在翻译实践中不断完善和发展翻译理论。需要注意的是,我们既要反对不要理论指导的盲目实践,也要反对脱离翻译实践的空洞理论。只有将理论学习和翻译实践有机地结合在一起,才能不断提高对翻译的认识水平,才能把握规律进而顺利地完成翻译任务。

三、知识面广泛

在翻译界流行一种说法,认为译者应该是"杂家"。这就是说,译者需要有广泛的知识面,这样才不至于见到原文之后不知所以然。

概括来说,译者要掌握一定的专业知识以及丰富的文化知识。只有知识面足够广博,才能深刻地理解原文,也才能确保翻译的质量。同时,在平时的工作和生活中,译者还需要对不同方面的知识进行了解和关注。

(一)专业知识

俗话说"隔行如隔山",尤其是专业性很强的文件,如科技文体、法律文件、经济合同等。如果不熟悉所译文章所涉及的专业,就不能正确理解原文的全部意义,翻译也就无从谈起。如果经常涉及某个专业领域的翻译,译者最好能够学习一些该专业的基础知识。例如:

The documents will be presented to you against your acceptance of the draft in the usual way.

贵方按惯例承兑汇票后,方可获取相关单证。(涉及外贸知识)

Liabilities or creditor's equity are the obligations or debts the firm must pay in money or service at some time in the future.

负债即债权人权益,是企业在将来的某一时间必须用货币或劳务来抵偿的义务或债务。(涉及会计、金融知识)

South African leopard-spot policy came under fierce black fire…

南非实行的"豹斑"式的种族隔离政策受到了黑人的猛烈抨击……(涉及国际政治方面的知识)

(二)文化知识

合格的译者还应该多了解本国和英语国家的历史、地理、政治、军事、外交、经济、风土人情、文化传统等方面的知识。只有这样,才能达到文化沟通的目的,也不至于在一些文化内容的翻译上出差错。例如:

After lunching in the basement of the Medical School, Philip went back to his rooms. It was Saturday afternoon, and the landlady was cleaning the stairs.

在医学院地下室吃过饭后,菲利普回到自己的寓所。那是一个星期六的下午,女房东正在打扫楼梯。

在英国,常有人把房屋分间出租供人住宿,出租房屋的人就被称为 landlord 或 landlady。如果不了解有关背景知识,容易把此例中的 landlady 误译为"女地主"。

在现代城市生活中,街道妇女为城市的安全与稳定做出了很大的贡献。

译文1:In modern urban life, street women have made a great contribution to the security and stability of the city.

译文2:In modern urban life, housewives of the neighborhood have made a great contribution to the security and stability of the city.

(澎漪 译)

汉语中的"街道妇女"和英语中的 street woman 两者在字面上似乎对等,但意思却大不相同。前者指"居家的家庭主妇",而后者特指"街头出卖色相的妇女",是"妓女"的代名词。译文1由于不了解中英文化的差异,只是对原文字面意思的翻译,而译文2则准确地把原文的含义传达了出来。

可见,译者具有丰富宽广的知识对翻译工作十分重要。丰富的知识不仅有助于灵活自如地表达原意,译者还可以根据自己对这方面事物的了解,选用最恰当的词语,忠实地传递出原文的含义。

四、工作态度认真积极

在翻译中的工作态度指的是译者在翻译时所持有的翻译精神。译者在翻译过程中的态度对译文有着很大的影响,因为译者的任何疏忽和倦怠都会影响译文质量。例如,曾经有一家香港某报报道过一则消息,因为是通讯社所发出的消息,全是用大写字母传送打印出来的,因而译者将其中的 Turkey Dinner 译成了"土耳其大餐",而稍微有点常识的人都知道是"火鸡大餐",这样的错误就是译者的粗心所致。可见,仅仅因为译者的疏忽就可能对新闻乃至其公司产生极其不利的影响。因此,译者在翻译过程中一定要保持积极认真的态度。

第二章 文体概论

文体关系到一则语篇在语言使用上的方方面面。文体不同,语言的表达习惯和使用特点也有极大的不同。因此,在深入研究各类实用文体的翻译之前,我们首先必须了解与文体相关的几个重要问题:文体的界定、分类、特征以及文体与各语言层级之间的密切关系。

第一节 文体的界定

"文体"在文学批评中又被称为"风格"。要给"文体"一词下一个确切的定义十分困难。关于什么是文体,中外学者都对此进行过研究。下面就给出几个具有代表性的中外学者的观点,以便读者更好地理解和认识文体的概念。

一、西方学者的观点

英语中的 style(文体)一词源于 stylus。古罗马人用一种叫作 stylus 的尖头铁笔在拉板上写字。要想用这种笔写好字,就必须具备驾驭铁笔的能力。后来,style 一词的词义逐渐扩大。现在,style 既可指某一时代的文风,又可指某一作家使用语言的习惯;既可指某种体裁的语言特点,又可指某一作品的语言特色。

英国作家斯威夫特(Jonathan Swift)认为,"将恰当的词用在恰当的地方即是风格的确切含义。"(Proper words in proper places make the true definition of a style.)

艾布拉姆斯(Abrams)在《文学批评术语辞典》中指出,"风格是散文或诗歌的语言表达方式,即一个说话者或作家如何表达他要说的话"。

卡顿(Cuddon)在《文学术语辞典》中提出,"文体是散文或诗歌中特殊的表达方式;一个特殊的作家谈论事物的方式。文体分析包括考察作家的词语选择、话语形式、写作手法(修辞和其他方面)以及段落组织——实际上即他的语言和使用语言方式的所有可以觉察的方面"。

二、中国学者的观点

我国南北朝时期著名的文学评论家刘勰在《文心雕龙》中提到:"若总其归途,则数穷八体:一曰典雅,二曰远奥,三曰精约,四曰显附,五曰繁缛,六曰壮丽,七曰新奇,八曰轻靡。"他将文体分成了八种。他认为,"辞尚体要,弗惟好异,盖防文滥也。"也就是说,文章要体现精要,不能只喜好奇异,以防止滥用文辞。

《辞海》给出的"文体"的释义有如下两层含义。①

(1)文章的风格。钟嵘《诗品》卷中(陶潜诗)"文体省静,殆无长语"。

(2)也称为"语体",为适应不同的交际需要而形成的语文体式。一般分为公文文体、政体文体、科学文体、文艺文体等。

《古代散文百科大辞典》对"文体"的释义也有两层含义,具体如下(陈剑晖,2010)。

(1)文章的风格体制。它取决于文学所反映的内容,由语言、结构、表现手法、文学技巧等形式因素构成,具有时代、社会、个人的特色。

(2)文章的表达方式及规格与程式,即文学体裁。就散文而言,从表达方式分,有叙事体、说明体、议论体、抒情体等;就应用场合、书写程式而言,有公文、社会交际应用文等。文体一旦形成,有相对的稳定性、独立性。各种文体都有自己的构成要素,是约定俗成的,必须遵守。

《西方文体学辞典》(胡壮麟、刘世生,2004)对风格的应用领域及含义进行了这样的介绍:简单说来,风格指书面或口头表达方式……我们可以说有人用"华美的风格"写作,或用"滑稽的风格"讲话。有的人认为,风格还具有鉴赏的含义,如"高雅的"风格或"低俗的"风格。

三、总结

综合上述对文体定义的研究,笔者认为文体应该是文学作品的体制、体式、语体和风格的总和,是一个时代的社会历史和文化精神的凝聚。它以特殊的词语选择、话语形式、修辞手法和文本结构方式,多维地表达了创作主

---

① 陈剑晖. 文体的内涵、层次与现代转型. 福建论坛,2010,(10).

体的感情结构和心理结构,需要外语学习者扎实掌握。

此外,文体有广义和狭义之分。广义文体指一种语言中的各类文体;狭义的文体指文学文体。广义的文体和狭义的文体中又包含很多分支。例如,在口语体中,会议的正式发言显然与日常的谈话有所不同,有其独特的语音、句法、词汇和篇章特点;书面语又可分为文学语、专门语及共同语(普通语)三大类(方梦之,2004)。

第二节 文体的分类与特征

一、文体的分类

文体丰富多样,所以对文体的分类是一件非常复杂的事。这里先来看一些比较有代表性的关于文体分类的方法。

(一)西方学者的观点

(1)普希亚莱丽(Elsa Tabernig Pucciarelli)将文体分为科技文体、哲学文体(人文社会等科目)和文学文体。

(2)费道罗夫(Fedorov)将文体分为三类,即新闻、文件和专门科学著作;政论文体以及文艺作品。

(3)在费道罗夫的基础上,布朗各(Peter Brang)也将文体分为三种:新闻、评论、商业和政府文件;科学、社会机构和政治文件;文学类。

(二)中国学者的观点

(1)侯维瑞(1996)将英语的功能文体分为五类,即文学英语、广告英语、新闻英语、科技英语、法律英语。

(2)秦秀白(2002)将文体分为实用文体和文学文体两大类。其中,实用文体包括广告英语文体、新闻英语文体和科技英语文体。

(3)刘宓庆(2003)将文体分为如下几种:新闻报刊文体、论述文体、公文文体、描述及叙述文体、科技文体、应用文体。

(4)李长栓(2004)将文体分为两大类,即文学文体与非文学文体。

(三)文体学的分类

文体学一般将文体分为文学文体、科技文体和应用文文体三大类。同时,这三种文体下又包含若干子文体。

现代文体分类学将文体从以下不同角度进行了分类。

(1)根据文章表现形态的异同,可以把小说分为短篇、中篇、长篇等。

(2)根据文章内容性质的异同,可以把议论文分为经济论文、教育论文、文学论文、政治论文等。

(3)根据文章实际功用的异同,即不同交际场合和对象,可以把文体分为八大类:公文事务文体、商务文本文体、科学技术文体、教科书文体、生产技术文体、新闻论文文体、文学艺术文体、日常应用文体。

二、实用文体的特征

(一)信息性

实用文体的基本功能是荷载人类社会的各种信息:叙事明理、传旨达意、立法布道。例如:

Extra privacy could be obtained by engaging a "drawing-room" at the end of the car, which would accommodate up to three, but at a higher supplement. In these cars it was also necessary to use common washrooms at the car end.

车厢尽头有一个特等卧室,具有很好的私密性,内可容纳三人,但要额外收较高的费用。这类车厢的两头还设有公用洗手间,供旅客使用。

(二)匿名性

实用文体的各类语篇如法律文本、告示、广告语、说明书、旅游指南等,是按一定的(约定俗成的)程式行事,缺乏甚至没有作者或译者个性,而且许多语篇不署作者、译者姓名,这就是实用文体的匿名性。尤其是英语科技文摘,几乎没有作者个性。

研究实用翻译,离不开对实用文体各语域的分析。要分析各种文体的语言习惯,以便确定哪些特征经常地或仅仅应用于某些场合;尽可能地说明为什么某种文体具有这些特征,而不具备另一些特征;以语言功能为依据,对这些特征进行分类。

第二章　文体概论

(三)劝导性

实用文体劝导受众去相信什么或不相信什么,劝导人们去认可或否定什么。有时作者力图表述客观,使自己提供的信息可被验证或追本溯源。例如:

A world of comfort—Japan Airlines

充满舒适与温馨的世界——日本航空公司

这两个例子是实用文体中的广告文体,广告文体常用比喻、双关、押韵等修辞手法,稍有夸张,其目的是激发人们的主观想象和愿望,劝说消费者马上付诸行动。

第三节　文体与各语言层级

一、文体与语音

语音是语言的物质外壳,是语言的基础。我们利用语言进行的绝大部分活动都需要借助语音。语音包括元韵、辅韵、音素、音色、语调、重音、节奏、拟声、头韵、尾韵等多方面的内容。本节主要针对典型语言的使用及其所达到的语言效果来分析作者的意图,以帮助译者更透彻地理解文章,做好翻译。

(一)语音与文体的关系

语音具有辨义与表意功能。巧妙地调配和运用语音的各种形式(如音位的排列、语调的变化、语速的快慢、语气的轻重、声音的虚实等)有助于语用信息的准确传递和人物形象的生动刻画,从而使语言表达更加形象真切,取得与语言目的、思想内容相呼应的文体效果。例如,气势磅礴、铿锵有力的弥尔顿体(Miltonic style)就是英国著名诗人约翰·弥尔顿(John Milton)用以在作品中表达不屈不挠的反抗精神和战斗勇气的绝好的语音形式。后来,雪莱(Shelly)利用这一语音形式写出了著名的《西风颂》(*Ode to the West Wind*),拜伦(Byron)利用这一语音形式写出了著名的《哀希腊》(*The Isles of Greece*)。

另外,文学作品中还经常利用人物的不标准发音或误读来表现话者的语言特点和社会身份。例如,美国小说家威廉·肯尼迪(William Kennedy)

的中篇小说《流浪汉》(*Ironweed*)就使用了大量的俚语、俗语和有意识误读的词句,以表现主人公是没有受过高等教育的"下等人"。

(二)语音在不同文体中的特征

诗歌、演讲词等文学作品中,语音层面的文体特征尤为明显。这是因为,文学语言往往非常注重人物内心的描写,这种描写一般通过独白、对话中的语气、语调以及副语言特征来表现,而诗歌和演讲词则更注重通过韵律创造美感,以增加语言的感染力,唤起读者和听者的共鸣。下面就对生活中比较常见的几种语音层面的文体特征进行举例说明。

1. 头韵

头韵(alliteration)是所有语音层面上的文体特征中主要的一种修辞手段,是指一组词、一句话或一行诗中,重复出现开头音相同的单词。头韵在谚语、广告语、诗歌、演讲、新闻标题和书名等不同文体中都有广泛的运用。

(1)用于诗歌。诗歌经常利用头韵来传递诗人的情感、思想,带给读者美的感受。例如:

The fair breeze blew, the white foam flew;
The furrow followed free,
We were the first that ever burst,
Into that silent sea.

(S. T. Coleridge: *The Rime of the Ancient Mariner*)

和风吹荡,水花飞溅,
船儿破浪前进,
闯入那沉寂的海洋领域,
我们是第一群人。

(2)用于演讲。恰当地使用头韵能够使演讲抑扬顿挫、铿锵有力,产生音韵美,增加听者的情感共鸣。这是因为,头韵不仅可以唤起听众的注意力,还可以使演讲人的思想更容易为听众记住。例如:

The Russian danger is therefore our danger and the danger of the United States just as the cause of any Russian fighting for his heart and home is the cause of free men and free peoples in every quarter of the globe.

(Winston S. Churchill: *Speech on Hitler's Invasion of the USSR*)

因此,俄国的危险就是我国的危险,就是美国的危险;为保卫家园而战的俄国人民的事业,就是世界各地自由人民和自由民族的事业。

(3)用于广告。为了达到宣传鼓动的效果,广告中经常使用头韵来增强

语言表达的感染力,并令广告语朗朗上口、易于识记。例如:

Simple and Simplicity.

方便而又简约。(剃须刀广告)

Soothing, Sensuous, Flagrantly Fragrant.

安心安神、赏心悦目、香气四溢。(商品广告)

You will go nuts for the nuts you get in Nux.

纳克斯坚果让你爱不释手。(坚果广告)

Don't just dream it. Drive it.

莫光梦想汽车,要驾驶汽车。(汽车广告)

(4)用于新闻。现代社会中的人们,生活节奏普遍较快。因此,新闻报刊中文章的标题必须准确、生动,这样才能令人们产生读下去的欲望。为此,记者们往往在标题中使用头韵这一有效的手段来吸引读者的眼球。例如:

Hong Kong —A capitalist Citadel at China's Doorstep
　　　　　—A Booming Bastion of Business(*Reader's Digest*)

香港——中国大门口的资本主义要塞

Fit or Fat? (*The 21st Century*)

要健康,还是要肥胖?

Dying with Dignity. (*Time*)

死得有尊严。

A Fist Lady of Priorities and Proprieties(*Time*)

第一夫人——贵为上宾,举止得体

(5)用于绕口令。头韵还广泛运用于绕口令中。头韵运用在儿歌中,可以增强其节奏感,增添趣味性。例如:

Peter Piper picked a peck of pickled peppers.

Did Peter Piper pick a peck of pickled peppers?

If Peter Piper picked a peck of pickled peppers,

where's the peck of pickled peppers Peter Piper picked?

皮特·派帕咽下了一口腌菜用的胡椒粉。

那一堆腌了的胡椒就是皮特·派帕捡的。

如果皮特·派帕捡了一堆腌了的胡椒。

那皮特·派帕所捡的一堆腌了的胡椒在哪儿?

2. 重音与元音

重音与元音的使用能够增加语言的庄严肃穆之感,从而使表达更具有

文学韵味,令人信服。例如:

Four score and seven years ago, our fathers brought forth upon this continent a new nation, conceived in liberty, and dedicated to the proposition that all men are created equal.

(Abraham Lincoln: *Gettysburg Address*)

87年前,我们的先辈在这座大陆上建立了一个崭新的国家,她以自由为立国之本,并致力于这样的奋斗目标,即人人生来都具有平等权利。

3. 略音与语调

口语中的略音多用于非正式的谈话,用文字表现出来就是缩写,如I've, I don't, I haven't等。通过这些缩写形式和略音,译者可以把握语篇总的文体风格,从而在翻译中选择合适的语言表达。

英语有五种语调:降调、升调、降升调、升降调和平调。这些语调可以表达不同的语气和语义。对于同一个句子,说话人的语调不同,话语的意义也会发生改变。例如,反问句除了可以用于非正式的谈话,还可以表达人物的质问、讽刺或用于征询对方的意见。

4. 拟声

拟声(onomatopoeia)是一种通过仿拟相关事物的声音来传情达意的修辞方法。语篇中恰当使用拟声能够真实地表现事物的特点、渲染气氛,使人如闻其声、如见其人、如临其境。例如:

…come a glare that lit up the whitecaps for a half a mile around, and you'd see the islands looking dusty through the rain, and the trees thrashing around in the wind; then comes a h-whack—bum! bum! bumble-umble-um-bum-bum-bum-bum—and the thunder would go rumbling and grumbling away, and quit and then rip comes another flash and another sockdolager.

(Mark Twain: *The Adventure of Huckleberry Finn*)

哎呀!你听狂风呼啸着,每隔一两秒钟就有一道闪电,将周围半海里的一片白浪照得闪亮,这时透过雨幕你就会看到小岛上尘土飞扬似的,大树也被风摔得歪来倒去;接着又是哗的一声——隆!隆!轰隆隆,轰隆隆,轰、轰、轰——雷就这样越响越远了,最后没了——但突然间又是"咧"的一声,又是一道闪电,接着又是一阵霹雷。

5. 节奏

利用语音的辨义与表意功能,巧妙地调配和运用语音的各种形式(如音位排列、语调变化、语速快慢、声音虚实等)来传递语用信息或刻画人物,能够使语言表达形象、真切,并取得与文本内容相呼应的文体效应。例如:

I see advancing upon all this/in hideous onslaught/the Nazi war machine,/with its clanking,/heel-clinking,/dandified Prussian officers,/its crafty expert agents,/fresh from the cowing and tying down of a dozen countries. // I see also the dull,/drilled,/docile,/brutish masses of the soldiery…

(Winston Churchill: *Speech on Hitler's Invasion of the USSR*)

我看见纳粹的战争机器连同立正起来喀嚓一声,全身叮当作响的花花公子似的普鲁士军官,以及刚刚威吓、压制过十多个国家的、奸诈无比的特工高手,向这一切碾压过去,展开了骇人听闻的袭击。我看见大批愚笨迟钝、受过训练、唯命是从、凶残暴戾的德国士兵……

本例就利用了停顿、拟声以及重读音节和非重读音节的交替,增强了演讲的节奏感和音律美,将侵略者全副武装、刀剑铿铿有声、皮靴咚咚作响的杀气腾腾的形象勾勒得活灵活现,更加激发了人们抗击法西斯的强烈意志。

二、文体与词汇

词汇是构成语篇的基础,因此词汇与文体的关系十分紧密。选词准确会增强书面表达和口语表达的文艺效果。形式是意义的体现。要想做到选词准确就必须从文体与选词的角度来考虑,将语篇中词汇的选择与文体的诸多要素联系起来。下面就从词汇层面对文体做出分析,并说明词汇和文体的关系,以及词汇在不同语篇中的文体特征。

(一)词汇与文体的关系

根据不同的标准,可以将英语词汇分为不同的类别。除共核语言和专业术语的分类外,英语词汇还可以分为标准语与非标准语,区域语与方言,正式语与非正式语,书面词与口语词,高雅语与粗俗语,褒义词与贬义词等。不同文体、不同语类所使用的词语类型也不同。例如,在法律、外交文书中多使用正式语,而日常会话和文学作品中则多使用非标准语、俚语。再如,表"开始"含义的英语单词可以是 start, begin, commence。其中, start 和 begin 属于日常词汇,而 commence 则属于正式词汇。由此可见,词汇的类型可以反映作者的写作风格。只有认清了原文的写作风格,翻译时才能选择准确、恰当的词语。一般来说,议论文、说明文和记叙文的主题显得严肃、正式一些,书信、通知、日记等应用文体的主题相对轻松、随意一些。因而,前者选词就会书面化,后者则尽量口语化。

另外,就词汇的理解而言,具体文本中的某个词汇不能仅靠查字典就判断其含义,而需根据不同的文体特点、词汇所出现的语境、词的情感内涵和作者的意图来理解作者所要表达的思想感情。因此,要想透彻地理解各种文体中的词汇,不仅要掌握有关语言的基本知识,还要了解词汇的演变情况以及它们与英美文化、历史、社会和政治背景的密切关系,这对理解语篇的深层含义,把握好译文的总体风格而言十分重要。

(二)词汇在不同文体中的特征

翻译中,译者总是要尽量选择合适的词汇来体现不同的文体风格,实现不同的文体效果。同一个意思可以用不同的词语表达,而同一个词语在不同的语境中又常常表达不同的意思。根据词语所具有的文体特征,可以将词汇分为若干类型。下面就举例分析几种常见的词汇类型,归纳其文体特征,解释其文体功能。

1. 口语和书面语

根据文体不同,词汇可以分为俚语、口语、一般性词汇、正式用词、专业术语、古词语、行话、隐语等。作者必须注意在一定的文体中选择与之相应的词语,如果在一个句子中使用两种截然不同的文体词语,则会造成词的"脱格"(incompatibility),显得滑稽可笑。因此,英语词汇的选用要求译者不仅要知道词汇的基本含义,还要了解它们的文体差异。和书面语相比,英语口语较多地使用时髦词、俚语、缩略词、习语、填补词语、模糊词语等。

2. 正式语和非正式语

词汇主要有三大来源:盎格鲁-撒克逊语(即英语本族语)、法语和拉丁语。一般而言,盎格鲁-撒克逊语最常见,也最口语化,具有朴素亲切的特点,多用于非正式文体。而法语则较为庄严、文雅,拉丁语的书卷气息较浓。另外,非正式文体较多地使用短语动词,正式文体显然常用与之同义的单个动词。

需要指出的是,正式文体与非正式文体还存在语法上的差异。例如,比较句型中使用人称代词的主格形式比使用宾格形式更正式些;表达"原因""结果"等概念时,正式文体常用 on account of, accordingly, thus, hence, consequently, owing to, the fact that 等,且较常使用分词短语、独立主格等结构,而非正式文体则常用 so, because 或其他表原因的从句;表达"让步"的概念时,正式文体中常用 yet, however, nevertheless, in spite of (despite), notwithstanding 等,而非正式文体中则常用 but, anyway, all the same, though, although 等。

正是由于词汇的文体色彩不同，在口语和书面语交际中，话语参与者以及译者都必须根据不同的交际场合、交际目的、交际对象选择适当的词汇，并且了解英语的区域性变体之间的词汇差异，这样才能保证交际的顺利进行，并取得良好的交际效果。

3. 具体词汇

一般而言，写作强调多用具体词汇，少用笼统词汇，这样可以使文章表达更加生动、形象。然而，什么是具体词汇，什么是笼统词汇呢？如果 money 是笼统词，那么 tuition, toll, interest, wages 等就属于具体词。如果 walk 是笼统词，那么 stroll, march, parade, stride 等就属于具体词。由此可见，具体词和笼统词是相对的，很多词汇都可以根据所指事物的细微差别而不断地被细分。以 athlete 为例，我们还可以根据运动种类的不同对其做出如下细分。

athlete								
swimmer	golfer	football player					tennis player	boxer
		tight end	place kicker	defensive back	running back	line backer		

上表中，football player 相对于 athlete 来说是具体词，而相对于 defensive back, tight end 等来说就是笼统词了。

《新编英语教程3》（李观仪，2000）中 Sunrise on the Veld 的前两段共有 94 个单词，主要描写了一只雄鹿被无数蚂蚁吞食的情境以及主人公对此情境的复杂感受。其中就使用了大量简短、生动而又充满活力的具体词汇。例如，表"声音"的具体词有 whispering, screaming, singing, rustling 等；烘托情境以及主人公感受的具体动词有 ran, stood, stopped, hurried, scurried, flowing 等。再如：

Out of the cabin window it was bright. Some passengers *enjoyed* the air scenery, some *gazed* into the splendid Alps, some others *skimmed* through newspapers. Although my eyes were *fixed* on one magazine I couldn't help looking back upon the years of World War II…

窗外阳光灿烂。机舱里有人观赏高空美景，有人在凝眺阿尔卑斯风光，有人在浏览报纸。我的眼睛尽管盯在一份杂志上，但我的思维却禁不住回溯到二战岁月……

本段最重要的动作就是"看"。原文使用了 enjoyed,gazed,skimmed, fixed 四个单词表达"看"的动作,不仅避免了语言的无谓重复,还将各种各样的"看"准确、形象地表达了出来,使读者对"我看"的各种心态有了更加深刻的体会。

4. 抽象词汇

阅读丘吉尔的《就希特勒侵略苏联的演讲》(*Speech on Hitler's Invasion of the USSR*)可以发现,其中使用了很多抽象词语,如 decision,declaration, policy,belief,determination,horror,support,liberation,destruction,faith 等。这一方面是因为演讲所阐释的是抽象的主义或理想;另一方面,这些抽象词的使用也使语言显得更加正式、深沉,能够使听众感受到演讲人严肃沉稳的性格,并对他所讲的话充满信心。而在林肯的《葛底斯堡演说》(*Gettysburg Address*)中,同样可以看到抽象词语的大量使用,如 liberty,proposition,resting place,devotion,freedom,case 等。同样,这也是受到了演说内容的影响。由此可以看出,尽管大部分时候英语语篇要求用词具体,但由于语篇的背景、目的、内容不同,抽象词汇也往往对语篇目的的实现有着很大的影响。

5. 专业词汇

专业词汇的大量使用是很多实用文本共同的用词特点。例如,法律专业词汇有 service(送达),summons(传票),judgment(判决),appeal(上诉), dismissal of action(撤诉),trial of first instance(一审),final judgment(终审),tort(侵权),damages(损害赔偿),negligence(过失),fault(过错),joint and several liability(连带责任),joint liability(共同责任)等;商务专业术语有 liquidity management(对清偿能力的管理),capital adequacy(资本充足程度),abandon rate(挂断率),absenteeism(旷工、缺勤),absolute interest(绝对权益),fixed rate(固定汇率),floating rate(浮动汇率),at par(平价), gold standard(金本位),discount rate(贴现率),forward exchange transaction(远期外汇交易),space arbitrage(地点套汇)等;科技专业术语有 field-magnet(场磁体),carbon dioxide(二氧化碳),fossil fuels(矿物燃料),fahrenheit(华氏温度计),laser disk(镭射光盘),nuclear bomb(原子弹),batch processing(批处理)等。

6. 雅俗词汇

当语篇中涉及不同阶层的人物时,词汇的使用就可能会有雅俗之分。《高级英语1》(张汉熙,1995)中的 *Hotel* 一文中,由于 Ogilvie 和 Duchness 的社会地位、角色关系、性别、受教育程度等方面截然不同,因此他们所使用的词汇雅俗程度也不同。Ogilvie 举止粗俗、出口不雅、语句不规范。例如,"Pretty neat set up you folks got.""You two was in the hit-n-run."。而 Duchness 浮夸的语言则显示了他的不可一世和傲慢的态度。例如,"My husband and I find strong smoke offensive.""In what conceivable way does our car concern you?"随着故事情节的发展,Duchness 的态度和语言也不断发生戏剧性的变化:她时而暴跳如雷、怒目圆睁(Spring to her feet, her face wrathful, gray-green eyes blazing, …),对着 Ogilvie 怒吼"You unspeakable blackguard! How dare you!";时而有气无力地说(breathed)"Go on."。作者将 Duchness 的蛮横傲慢、辞藻浮夸和在迫不得已的情况下使用直接、平凡的语言,以及在被激怒的情况下失控地大声喊叫的情形,准确地描绘了出来,使人物的言语行为与人物的性格特征、身份地位以及所处环境相匹配。因此,通过作者对词语的选择,读者不仅可以了解词语的内在含义,还能借助这些词汇所反映出来的文体色彩来了解言语主体的心理与性格。

7. 委婉语

委婉语(euphemism)是利用一些好听、温和的表达来代替直率的表达,以使语言更加中听的一种修辞方法。实际生活中,为了避免直接的言语可能造成的负面情绪,人们常常使用委婉语。例如:

Our director passed away at eight o'clock last night.
我们董事长于昨晚八时去世。
Mr. Hill has a disability and a pension from the government.
希尔先生残废了,领有一份政府发给的抚恤金。
City sanitary engineers scrub down and spray tens of thousands of square meters of walls and sidewalks every month.
市政环卫工人每个月都要擦洗并喷几万平方米的墙壁和人行道。
Somebody seems to have borrowed my watch when I was not looking.
我没留心时,大概有人把我的手表"拿"走了。

三、文体与句法

语篇中句式的选用不是随意的，而是取决于其所要表达的内容、交际需要，并体现出作者的态度、情感、心境等主观因素。因此，我们在理解句子时，不能只关注句子的语法和表象，而应该结合上下文，对文中非同寻常的句式进行文体分析，探讨其句式组合、词语排列可能蕴含的信息，以及由此反映出的作者的思维方式、价值取向、意识形态等，通过句式来理解整个语篇。下面就来讨论句式语法与文体的关系，并说明其在语篇中的运用。

（一）句法与文体的关系

语篇中句式的选用不是随意的，而需要根据作者的写作目的、语境等因素而定。各个不同的句式往往有着不同的语用功能。例如，排比句的使用便于表达强烈的感情，突出所强调的内容，增强语言的气势；圆周句的使用能够抓住读者的注意力，或取得讽刺、幽默的效果；松散句则能够直奔主题，使读者对所述内容一目了然；短句干脆利落，长句逻辑、严谨，能够表达复杂的概念，可以描述人物曲折的思维过程和复杂的心理活动。因此，对句式的把握有助于我们加深对语篇的理解，从而做好翻译工作。例如：

I came, I saw, I conquered.

我来了，我看见了，我征服了。

这句话结构严谨对称，意义直截了当，生动地表达出了恺撒军事征服的迅速，同时也表现出了恺撒的骄傲自满、目空一切。

（二）句法在不同文体中的特征

根据不同的标准，我们可以将句子分为不同的类型。下面我们就从句子长短、句子功能和句子的语义核心位置对句子做出不同的分类，并举例说明不同的句子类型在语篇中所起到的文体作用。

1. 按句子长短分类

英语句子按其长度可分为长句和短句。英语语篇中，不同体裁的思想内容、上下文语境以及长短句各自的优点等都影响了长短句的使用，并形成了不同的表达效果。

（1）长句。长句具有容量大、结构复杂、叙事具体、说理严密、形式庄重的特点，因此多用于正式文本中。例如：

With respect to those territories to which this Convention is not extended at the time of signature, ratification or accession, each State concerned shall consider the possibility of taking the necessary steps in order to extend the application of this Convention to such territories, where necessary for constitutional reasons, to the consent of the Governments of such territories.

关于在签署、批准或参加本公约的时候,本公约所没有扩展到的地区,各有关国家应当考虑采取的步骤的可能性,以便本公约的使用范围能够扩展到这些地区。但是,如果由于宪法关系而有必要时,应当取得这些地区政府的同意。

本例属于商务语篇,共有 58 个单词,是一个完整的句子,远远高于每句 20 个单词的平均句子长度。但这样的长句却对公约的适用范围等做出了灵活的界定。

Based on the assumption that translation studies, as an emerging discipline, is part of a general intellectual movement which is not confined to the humanities, this paper outlines the features which characterize this trans-disciplinary intellectual debate, using examples from linguistics. It is stressed that, rather than setting itself in opposition to other disciplines, translation studies needs to acknowledge and embrace shared concerns, issues and directions.

本文认为,作为一门新兴学科,翻译研究不局限于人文学科,而是一般知识运动的一部分。文章运用种种语言学例证,勾勒出翻译研究作为一种跨学科知识探讨的特征,强调翻译研究不应将自己摆在其他学科的对立面,而是承认其他学科的存在并关心一些共同的课题和研究方向。

本例属于科技语篇。原文虽长,却只有两个句子,每个句子都很长,这样的长句将各层的逻辑关系表现得十分清楚,整个段落也结构紧凑、逻辑分明。

Although there is still room for improvement in terms of legal and regulatory frameworks to govern areas such as crimes in cyberspace and Internet related intellectual property rights, it is hoped that an increasing use of digital signature contracting, enforceable electronic records and ecert (encipherment) encrypted communication all under the Electronic Transactions Ordinance, will see the Ordinance as it now applies to cyberspace and the Code (albeit only disciplinary) helping to bring a regulated environment conducive to the smooth development of the best in e-commerce which will give Hong Kong the competitive edge.

尽管某些范畴(如计算机世界罪行以及与互联网有关的知识产权权益)的法律和监管架构仍有改进的余地,但笔者仍寄希望,随着人们日渐频繁地根据《电子交易条例》而以数码签署订立和约、使用可予强制执行的电子纪录以及进行经电子证书加密的通讯,现时适用于计算机世界的《条例》及(纵使只属纪律性质的)《守则》将有助营造受监控的环境,让最佳的电子商贸得以在香港顺利发展,从而提升香港的竞争力。

  本例属于法律语篇,虽然只有一句话,却用了 93 个词。作者利用各种修饰成分及从句,将原文复杂的逻辑关系清楚地呈现在读者面前,使语言更加清晰、严密。

  Talking in low excited voices we would walk rapidly back toward town under the rustle of September leaves, in cool streets just grayed now with that still, that unearthly and magical first light of day which seems suddenly to rediscover the great earth out of darkness, so that the earth emerges with an awful, a glorious sculptural stillness, and one looks out with a feeling of joy and disbelief, as the first men on this earth must have done, for to see this happen is one of the things that men will remember out of life forever and think of as they die.

(Thomas Wolfe: Circus at Dawn)

  我们低声地,兴奋地交谈着,快步地向城里走去,风卷残叶,路上的秋叶发出沙沙声响,天色渐暗,街头一片灰暗,令人感到一丝寒意,余晖神圣而又神奇,似乎突然让人在黑暗之中重新找到了大地,一片令人难忘、令人自豪的大地,令人兴奋,令人难以置信,宛如第一个来到世上的那个人那样,永生难忘!

  本例属于文学语篇,作者利用长句来描述人的情绪和环境,使语篇显得极为生动、真实,令人难忘。

  It's rather for us to be here dedicated to the great task remaining before us that from these honored dead we take increased devotion to that cause for which they gave the last full measure of devotion—that we here highly resolve that these dead shall not have died in vain—that this nation, under God, shall have a new birth of freedom—and that government of the people, by the people, for the people, shall not perish from the earth.

(Abraham Lincoln: Gettysburg Address)

  本例出自亚伯拉罕·林肯总统的著名演讲《葛底斯堡演讲》。本例是一个并列复合句,包含 4 个由 that 引导的小句,每个 that 小句都为后面的小句积聚力量和感情,这就使演讲的感情和信念越来越强,最终使整篇演讲都达到了高潮。

  (2)短句。短句具有随便自然、简洁明快的特点,便于语言的组织和表

达。用短句表达的信息能迅速抓住对方的注意力,产生一目了然、立竿见影的效果,因此常用于演讲中。例如:

Yesterday, the Japanese government also launched an attack against Malaya.

Last night, Japanese forces attacked Hong Kong.

Last night, Japanese forces attacked Guam.

Last night, Japanese forces attacked the Philippine Islands.

Last night, Japanese forces attacked Wake Island.

This morning, Japanese forces attacked Midway Island.

昨天,日本政府已发动了对马来亚的进攻。

昨夜,日本军队进攻了香港。

昨夜,日本军队进攻了关岛。

昨夜,日本军队进攻了菲律宾群岛。

昨夜,日本人进攻了威克岛。

今晨,日本人进攻了中途岛。

(Franklin Delano Roosevelt: *Pearl Harbor Speech*)

本例使用了六个短句,字字铿锵,句句有力,表达了罗斯福总统强烈的感情。而如果将这几个短句连起来,改成一个长句,虽然总的意思不变,但句子没有了抑扬顿挫,听起来就会软弱无力,无法激发听众的愤怒。

2. 按句子功能分类

按照功能不同,可以将句子分成四类:陈述句、疑问句、祈使句和感叹句。不同语篇体裁所使用的句子功能也各不相同。科技语篇中陈述句的使用频率最高。这是因为科技英语的显著特点是注重叙事逻辑上的连贯及表达上的明晰与畅达。而小说则常使用疑问句、陈述句、祈使句和感叹句。例如,英语专业《精读》第四册中的 *This Year Is Going to Be Different* 一文中,各种句子的使用比重如表2-1所示。

表2-1 句子功能的使用比重统计表

句子功能	陈述句	疑问句	感叹句	祈使句
百分比	85%	7.9%	5.5%	1.6%

由上表可以看出,陈述句在这篇叙事性小说中所占的比例很大,这是由故事发展情节的交代、表达意境所致。由于本篇中有很多对话场景,因此会

有一些疑问句和感叹句型,这两种句型的使用能增加故事情节的真实性和趣味性。而为数不多的祈使句"I didn't say you could come in!""And when I tell you to do something,jump!""Oh,no!"的使用也是为了渲染部分故事情节的滑稽可笑或表达主人公的强烈思想感情。

3. 按句子语义核心位置分类

句子成分主要包括主语、谓语、宾语、定语、状语或表语。这些成分的排列不同,可以产生不同的语义和文体效果。下面主要介绍倒装句、圆周句和松散句在语篇中所具有的文体特征和文体效果。

(1)倒装句。倒装(inversion)是将句子的正常顺序颠倒过来的一种句式。英语倒装句可以分为两类:绝对倒装和修辞倒装。其中,绝对倒装主要是语法结构上需要倒装的句子,如疑问句、感叹句、陈述句以及某些让步状语从句或表示祝愿的句子等。而修辞性倒装则是有意违反自然语序,以平衡句式、突出重点,使衔接更加紧密、描绘更加生动、文章更新颖,给人耳目一新的感觉,因此常用于文学文体和演讲中。例如:

It is in vain, sir, to extenuate the matter. Gentlemen may cry, peace, peace—but there is no peace. The war is actually begun! The next gale that sweeps from the north will bring to our ears the clash of resounding arms! Our brethren are already in the field! Why stand we here idle? What is it that gentlemen wish? What would they have? Is life so dear, or peace so sweet, as to be purchased at the price of chains and slavery? Forbid it, Almighty God! I know not that course others may take; but as for me, give me liberty or give me death!

(Patrick Henry: *Give Me Liberty or Give Me Death*)

回避现实是毫无用处的。先生们会高喊:和平!和平!但和平安在?实际上,战争已经开始,从北方刮来的大风都会将武器的铿锵回响送进我们的耳鼓。我们的同胞已身在疆场了,我们为什么还要站在这袖手旁观呢?先生们希望的是什么?想要达到什么目的?生命就那么可贵?和平就那么甜美?甚至不惜以戴锁链、受奴役的代价来换取吗?全能的上帝啊,阻止这一切吧!在这场斗争中,我不知道别人会如何行事,至于我,不自由,毋宁死!

本例使用了22个绝对倒装的疑问句,这些句子一方面充分表达了作者对那些在"波士顿倾茶事件"上妥协的人们的不满和愤怒,另一方面也将他强烈的爱国热情和对自由的狂热之情表达得淋漓尽致。

Broke and discouraged, he accepted a job as reporter with the Virginia City Territorial Enterprise, to literature enduring gratitude.

(Noel Grove: *Mark Twain—Mirror of America*)

在破产和灰心之余,他接受了为弗吉尼亚市《领土开发报》当记者的工作,这一行动将获得文学界永久的感激。

本例属于修辞倒装,作者将状语移到句首,而没有放在句末,是为了避免句子结构上的头重脚轻,同时也淋漓尽致地表现了马克·吐温当时的真实情感。

(2)圆周句。圆周句(periodic sentence)又称"掉尾句",是将主要的意思留到句末的一种句式。在普通句子里,最重要的位置是句子的末尾。句末所讲的内容一般都是一句话中最关键的东西,它留给读者或听众的印象也是最深刻的。掉尾句的修辞作用在于它可以制造出由次到主、由悬念到结果的效果,以吊起读者的胃口,吸引读者一口气读完全部内容。例如:

Though Jim Thorpe had brought great glory to his nation, though thousands of people cheered him upon his return to the United States and attended banquets and a New York parade in his honor, he was not a citizen. He did not become one until 1916. Even then, it took a special government ruling because he was an Indian.

(Steve Gelman: *Jim Thorpe*)

尽管吉姆·索普为他的国家赢得了伟大的荣誉,尽管他回到美国时,数千人前来热烈欢迎他并参加了为他举行的宴会和纽约的游行,而他却不是一个美国公民。直到1916年,他才取得公民资格。而且,那还是经过政府特别裁决才授予他的,因为他是一个印第安人。

本例的前半部分讲述了一个做出伟大贡献,受到人们热烈欢迎的人——吉姆·索普,但句末却说他不是一个美国公民,这与人们的期望形成了巨大的反差,引起人们对吉姆·索普命运的同情。

(3)松散句。松散句(loose sentence)是将句子的重点部分放在前面,补充说明的部分放在后面的一种句式。它的组成部分可以比较自由地放置,在句中的某些地方,可以随时停顿,而且语法有一定的完整性。在一个松散句里总是把主要的思想或最想说的内容首先表达出来,把解释或充实它的细节、次要的内容放在后面。因此,松散句具有自然、轻松、流畅、易懂的特点。例如:

We face the arduous days that lie before us in the warm courage of national unity; with a clear consciousness of seeking old and precious moral values; with the clean satisfaction that comes from tile stern performance of duty by old and young alike. We aim at the assurance of a rounded, a permanent national life.

(Franklin Roosevelt: *The Only Thing We Have to Fear Is Fear Itself*)

让我们正视面前的严峻岁月，怀着举国一致给我们带来的热情和勇气，怀着寻求传统的、珍贵的道德观念的明确意识，怀着老老少少都能通过恪尽职守而得到的问心无愧的满足。我们的目标是要保证国民生活的圆满和长治久安。

本段开头罗斯福就点明了美国人民面临的艰难时刻，接着指出能帮助他们自己和国家渡过难关的意志品质。这种逻辑关系顺畅自然，有助于鼓舞听众的士气。

(三) 修辞在不同文体中的使用

从修辞的角度来说，句式主要有渐进与突降、排列与对偶、矛盾、明喻、暗喻、拟人、夸张等。不同语篇类型惯用的修辞手段也各不相同。例如，演讲语篇常用重复和排比，科技语篇多使用拟人或比喻，而小说则惯用夸张或对照，以使故事情节更加扣人心弦。下面就对几种常见的修辞手法及其在语篇中的文体特征和文体作用进行举例说明。

1. 明喻和暗喻

明喻(simile)是指将两种性质存在差异，但却具有一定相似性的事物进行直接的比较。暗喻(metaphor)是将本体直接说成喻体的一种修辞方式。暗喻和明喻之间的共同之处在于都是比喻，不同之处则在于：明喻是直白的比喻，而暗喻是不露痕迹的比喻，即明喻的表现形式是"A 像 B"，而暗喻的表现形式是"A 是 B"。暗喻中本体和喻体之间用"是"来连接，使得比喻的语气更加肯定，有助于听话人想象和理解。另外，明喻中有明显的比喻词，而暗喻中则没有。明喻和暗喻在英语各种文体中都被广泛地使用。例如：

With this faith we will be able to hew out of the mountain of despair a stone of hope. With this faith we will be able to transform the jangling discords of our nation into a beautiful symphony of brotherhood.

(MartinLutherKing: *I Have a Dream*)

怀着这个信念，我们能够把绝望的大山凿成希望的磐石；怀着这个信念，我们能将我国种族不和的喧嚣变为一曲友爱的乐章。

本例出自一篇演讲，演讲者使用了四个"n. ＋of＋n."的结构，分别将 despair 比作 the mountmn，将 hope 比作 stone，将 our nation 比作 jangling discords，将 brotherhood 比作 symphony，使语言表达既形象又生动。

Clues on Memory Reported

LOCAL scientists said yesterday they have shed new tight on the workings of brain cells in mice, and it may lead to a clearer understanding about human memory.

...

The research project was led by Duan Shumin, a professor of Shanghai Institute for Biological Sciences, of the Chinese Academy of Sciences.

After more than four years of study, Duan's team found and proved that a kind of cells in mice's brain, called NG2 glia cells, have ability "to memorize" the stimulation under repeated impulse, a property that was previously found only in neurons and has been related to the learning and memory of the brain.

...

本例是一篇神经学领域的科技新闻。本文中，比喻词没有出现，作者是将实验鼠大脑中的一类细胞对于外界刺激的积累比喻成只有人才有的记忆，从而使所述内容很容易为读者所理解。

2. 拟人

拟人(personification)是指将人以外的有生命的或者无生命的事物，甚至一些抽象的概念当作人来描写，赋予它们以人的行为、思想等。拟人的修辞手法能够突出描写对象的特征，有助于抒发情感，增强文章的渲染力和吸引力。因而它也是各类语篇体裁常见的修辞手法。例如：

This was the sign meteorologists had been waiting for. Not only does the sharp fall on ocean temperatures signal the breakup of the giant pool of warm water in the tropical Pacific that triggered one of the century greatest El Nino's unruly twin sister, the climatological reversal that scientists call La Nina.

这是气象学家们一直在等候的征兆。海洋温度的急剧下降不仅表明了触发本世纪最严重厄尔尼诺现象之一的热带太平洋大片暖水面的消散，而且也可能触发厄尔尼诺桀骜不驯的孪生妹——气候反常逆转——的生成，科学家称之为"拉尼娜"。

本例通过 twin sister 一词的使用为枯燥的语篇增加了些许活泼的气氛，有助于读者继续阅读下去。

A Good Home Makes Birds More Optimistic

How do you get inside an animal's head and assess how it's feeling?

The short answer is, you can't. But a study, on starlings has taken us one step nearer by revealing how animals change their behavior in response to different environmental conditions. The information could improve our understanding of animal welfare.

Melissa Bateson and colleagues at Newcastle University, UK, investigated how starlings respond to different living conditions, by giving them choices designed to assess whether their outlook was "pessimistic" or "optimistic".

Birds were trained to associate a tasty snack—a worm—with a dish with a white lid, and an unpalatable quinine-flavored worm with a dish with a dark grey lid. Starlings soon learned not to bother flipping open dark grey lids.

The birds were then kept either in "enriched" cages with branches and water baths, designed to promote greater welfare, or in standard cages that were smaller and bare.

Next, the birds were given dishes with lids of various intermediate shades of grey. When there was ambiguity over the color, and thus whether there was a tasty snack inside, only those birds kept in the enriched cages were likely to bother flipping open the lids. In other words, starlings in enriched cages were more "optimistic". The results will appear in Animal Welfare.

...

本例是一篇刊登在《新科学家》(*New Scientist*)杂志上的文章。文章从始至终都将八哥的情绪变化比喻成人类的"悲观"和"乐观",而导致八哥这种变化的直接原因就是生活环境的变化。作者通过拟人的手法将原本枯燥的动物心理研究成果报道变得惟妙惟肖,从而使文章成功地将实验室科技成果像讲童话故事一样介绍给普通读者,激发读者对于这项研究的兴趣。

3. 矛盾

矛盾(oxymoron)是一种结构新颖、言简意赅、富于表现力的修辞手法。它将两个字面语义相互矛盾的词语组合在一起。表面上看,这种手法似乎不合情理,实际上却通过这种语义的矛盾,驱使我们透过词语表层去看它的深层含义,以此来表现事物的复杂性、矛盾性,借以表达复杂的情感、深刻的哲理,起到引人入胜的效果。在英语诗歌、电影与戏剧的对白、各种演讲乃至日常生活中,都可以经常见到这种修辞手法。例如:

Beautiful tyrant! Fiend angelical! Dove feather's raven! Wolfish-ravening lamb! Despised substance of divinest show! Just opposite to what thou justly seem'st. A damned saint, an honorable villain!

(William Shakespeare: *Romeo and Juliet*)

美丽的暴君！天使般的魔鬼！披着鸽子羽毛的乌鸦！残忍如狼的羔羊！圣洁的外表包着卑鄙的内心！道貌岸然的伪君子。该诅咒的圣徒。体面的恶棍！

这是朱丽叶知道罗密欧杀了提伯尔特，对他进行辱骂的一段话。其中若干组的矛盾词语反映了朱丽叶复杂而悲愤的心情。

Love is cruel, lover is sweet—
Cruel sweet,
Love sign till lovers meet,
Sigh and meet—
Sign and meet. Sign and again—
Cruel sweet! O sweetest pain!

(Thomas MacDonagh)

爱情残忍爱情甜——
残忍而又甜，
情人断肠到相见，
情人断肠到相见——
情人断肠到相见，相别肠又断！
残忍的甜啊！最甜的断肠！

本例中的 cruel sweet 是一个矛盾的统一体，它揭示了爱情甜蜜和残忍的两个方面，这也是热恋中人的真实感受，令人产生更多共鸣。

4. 夸张

夸张(hyperbole)是一种为了达到特殊效果而故意言过其实的修辞方法。夸张的好处在于加强了文章语势和表达效果。需要指出的是，夸张并非说谎、欺骗，尽管把夸大的事物主观想象得无限扩大，但它仍是以客观事实为基础的，只是将这种事实夸大而已。夸张的使用能够更加突出事物的本质、特征，增强语言的感染力，激发读者的想象力。因此，夸张常见于文学文体中。例如：

Cool was I and logical, keen, calculating, perspicacious, acute and astute—I was all of these. My brain was as powerful as a dynamo, as precise as a chemist's scales, as penetrating as a scalpel and—I was only 18.

(Max Shulman: *Love Is a Fallacy*)

我是个头脑冷静、很讲逻辑的人。敏感、慎重、聪明、深刻、机智——所有这些特点我都具备。我的大脑像发电机一样发达，像化学家使用的天平一样精确，像手术刀一样犀利——要知道，我才只有十八岁呀。

　　本例选自马克思·舒尔曼的《爱情是个谬误》。本例中，as powerful as a dynamo, as precise as a scales, as penetrating as a scalpel 都是夸张的表述，表现出了"我"的极度自负，同时将语境推向高潮。

　　　As fair thou art, my bonnie lass,
　　　So deep in luve am I;
　　　And I will luve thee still, my dear,
　　　Till a'the seas gang dry.
　　　Till a'the sea gang dry, my dear,
　　　And the rock melt wi'the sun;
　　　And I will luve thee still, my dear,
　　　While the sands olife shall run.

　　　　　　　　　　　(Robert Burns: *A Red Red Rose*)

　　　你那么美，漂亮的姑娘，
　　　我爱你那么深切；
　　　我会永远爱你，亲爱的，
　　　一直到四海涸竭。
　　　直到四海涸竭，亲爱的，
　　　直到太阳把岩石消融！
　　　我会永远爱你，亲爱的，
　　　只要生命无穷。

诗歌中"Till a'the seas gang dry""And the rock melt wi'the sun"两句可以说是夸张的表达，但却将至死不渝的爱情表达得淋漓尽致，感人至深。

5. 排比

　　排比(parallelism)是指句子结构的平行。排比的格式是将两个或两个以上结构相似或相同且意义相关的短语或句子平行排列。因此，排比结构具有结构整齐、表达简练、语义突出的特点。这种匀称且相互衬托的句式一气呵成，往往能够有效增强语气，表达强烈的感情，因此常用于诗歌、散文、戏剧、小说、讲演等语篇中。例如：

　　He stood behind his desk in the far end of the dim room. The wife liked him. She liked the deadly serious way he received any complaints. She liked his dignity. She liked the way he wanted to serve her. She liked the way he felt about being a hotel-keeper. She liked his old, heavy face and big hands.

(Ernest Hemingway: *Cat in the Rain*)

他站在那阴暗的房间里远远的一边的办公桌后面。美国人的妻子喜欢他。她喜欢他那种任劳任怨的死板的严肃态度。她喜欢他举止端庄。她喜欢他那乐于为她效劳的模样。她喜欢他那当老板的自以为是的神态。她喜欢他那苍老而厚实的脸孔和一双大手。

本例出自海明威的小说《雨中的猫》。作者使用了五个 she liked 结构，说明了小说女主人公在多方面喜欢热情周到的老店主。其丈夫虽喜欢她的模样，但却对她的感情和生活需求不够关心。

And the same method can be applied to the other senses. Hear the music of voices, the song of the bird, the mighty strains of an orchestra, as if you would be stricken deaf tomorrow. Touch the object you want to touch as if tomorrow our tactile sense would fail. Smell the perfume of the flowers, taste with relish morsel, as if tomorrow you could never smell and taste again. Make the most of every sense; glory in all the facets of pleasure and beauty which the world reveals to you through the several means of contact which Nature provides.

(Helen Keller: *Three Days to See*)

这同样的方法也能用于其他的感觉上，去听悦耳的乐声，鸟儿的鸣唱，乐队的强劲旋律，就好像你明天就遭致失聪一样。去触摸你想摸的每个物体，就像你明天会舍去触觉意识一样。去闻花朵的芳香，津津有味地去尝美味佳肴，就好像你明天会再也不能闻到、尝到一样。更多地体验每种感觉。所有的愉快和美感方面的天福，世界通过自然提供的几种接触方式将它展露给你。

本例出自海伦·凯勒的著名散文《假如给我三天光明》。作者在本段中使用了三个平行结构，教人们珍惜现在拥有的一切，同时将自己对于生命的热爱之情抒发得淋漓尽致。

And so let freedom ring from the prodigious hilltops of New Hampshire.

Let freedom ring from the mighty mountains of New York.

Let freedom ring from the heightening Alleghenies of Pennsylvania.

Let freedom ring from the snow-capped Rockies of Colorado.

Let freedom ring from the curvaceous slopes of California.

(Martin Luther King: *I Have a Dream*)

让自由之声从新罕布什尔州的巍峨的崇山峻岭响起来！

让自由之声从纽约州的崇山峻岭响起来！

让自由之声从宾夕法尼亚州的阿勒格尼山响起来!
让自由之声从科罗拉多州冰雪覆盖的落基山响起来!
让自由之声从加利福尼亚州蜿蜒的群峰响起来!

本例出自马丁·路德·金的著名演说《我有一个梦》。演讲者数次使用了 let freedom ring from 的句型,从而使演讲充满热情,让自由之声响彻美国的各个角落,引起人们的共鸣。

6. 重复

反复(repetition)是指在表达中多次重复使用相同的词语、短语或句子,也是一种常用的修辞手法。恰当地使用反复的修辞手法可以达到增强语言节奏感、加强语气、强调观点、阐明道理、抒发情感的目的。反复修辞应用广泛,常见于诗歌、散文、小说、演讲等各种体裁中,口语中也十分常见。例如:

But one hundred years later, we must face the tragic fact that the Negro is still not free. One hundred years later, the life of the Negro is still sadly crippled by the manacles of segregation and the chains of discrimination. One hundred years later, the Negro lives on a lonely island of a vast ocean of material prosperity. One hundred years later, the Negro is still languished in the corners of American society and finds himself an exile in his own land. So we have come here today to dramatize an appalling condition.

(Martin Luther King: *I Have a Dream*)

然而100年后的今天,我们必须正视黑人还没有得到自由这一悲惨的事实。100年后的今天,在种族隔离的镣铐和种族歧视的枷锁下,黑人的生活备受压榨。100年后的今天,黑人仍生活在物质充裕的海洋中一个穷困的孤岛上。100年后的今天,黑人仍然萎缩在美国社会的角落里,并且意识到自己是故土家园中的流亡者。今天我们在这里集会,就是要把这种骇人听闻的情况公诸于世。

本段四次重复 one hundred years later 这一短语,对废除黑人奴隶制一百年后的"今天",黑人仍然没有平等、备受歧视的现实进行强调,表示黑人民族解放是势在必行的。

7. 对照

对比(antithesis)是指将一个句子或句子的一个部分和与之意义相反的句子或部分放在一起,形成对照的修辞方法。对比修辞的特点在于结构平行对偶、意味鲜明、有节奏感、表现力强,能够通过鲜明的对比来揭示其中的矛盾。其作用在于加强语气、增加幽默感或讽刺感。由于对比能够给读者以强烈的反差,引发读者的思考或共鸣,有助于抓住读者的注意力,因而常用于文学作品中。例如:

It was the best of times, it was the worst of times, it was the age of wisdom, it was the age of foolishness, it was the epoch of belief, it was the epoch of incredulity, it was the season of Light, it was the season of Darkness, it was the spring of hope, it was the winter of despair, we had everything before us, we had nothing before us, we were all going direct to Heaven, we were all going direct the other way.

(Charles Dickens: *A Tale of Two Cities*)

这是最好的时代,这是最坏的时代;这是智慧的时代,这是愚蠢的时代;这是信仰的时期,这是怀疑的时期;这是光明的季节,这是黑暗的季节;这是希望之春,这是失望之冬;人们面前什么都有,人们面前一无所有;人们正在直登天堂,人们正在直下地狱。

作者在小说开篇使用了七个对比句交代了故事发生的时代背景——法国大革命前动荡不安、危机四伏的时代气氛。为小说后来的发展奠定了基础。

Older Climbers Three Times as Likely to Die on Everest

For the retired businessman bored with zero gravity flights, heli-skiing, flying ex-military Russian Mig fighter jets and swimming with sharks, climbing Everest can be the perfect next date on the adventure calendar. But research on more than 2,000 expeditions to the world's highest peak has shown that older climbers are more likely to fail and more likely to die in their attempt compared with younger climbers.

Since the growth of commercial guided expeditions in the early 1990s, Everest has become a playground for those with time and money seeking to high-altitude excitement and danger. This spring, more than 600 people reached the summit and there were six deaths.

……

本例是一篇关于老年人健康状况的科技报道。文章一开始就提出老年人乐于参加冒险运动的事实,随后又说明了老年人选择冒险运动的潜在危险。这种参加冒险运动的兴趣和所面临的危险形成了反差,从而使文章很好地切入主题,顺利地引导出这项研究的核心,有利于读者接受这项研究。

四、文体与语篇

文体不同,语篇的结构也有所差别。文章体裁不同,段落关系不同,篇章的层次处理就有所不同。例如,小说语篇通常包括背景、人物、事件或事件群、结局、评论。辩论性文章一般由三大部分构成:提出问题、反驳与论证、结论。说明文的语篇模式比较固定、整齐,一般是先提出一种论断,然后从几个方面加以说明。下面就对常见的几种文体进行模式分析。

(一)记叙文

记叙文是叙述人物经历、事件经过的一种文章体裁。因此,记叙文以写人、记事、状物为主要内容,以叙述和描写为表达方式。以记事为主的记叙文通常会按照事件、经历的时间顺序完整地交代事件的时间、地点、人物、起因、经过、结果。以写人为主的记叙文通常注意肖像、行动、语言、心理以及细节的描写。以写景为主的记叙文通常会抓住景物的主要特征,有层次地将景物描写出来,同时还会注意人与景的情感交融。一篇好的记叙文通常能够令读者有置身现场的感觉,让读者如见其人、如观其景、如闻其声。例如:

One afternoon in late August, as the summer's sun streamed into the car and made little jumping shadows on the windows, I sat gazing out at the tenement-dwellers, who were themselves looking out of their windows from the gray crumbling buildings along the tracks of upper Manhattan. As we crossed into the Bronx, the train unexpectedly slowed down for a few miles. Suddenly from out of my window, I saw a sight I would never be able to forget: a little boy almost severed in halves, lying at an incredible angle near the track. The ground was covered with blood, and the boy's eyes were opened wide, strained and disbelieving in his sudden oblivion. A policeman stood next to him, his arms folded, staring straight ahead at the windows of our train. In the orange glow of late afternoon the policemen, the crowd, the corpse of the boy were for a brief moment immobile, motionless, a small tableau to violence and death in the city. Behind me in the next row of seats, there was a game of bridge. I heard one of the four men say as he looked out at the sight, "God, that's horrible. " Another said, in a whisper, "Terrible, terrible. " There was a momentary silence, punctuated only by the clicking of wheels on the track. Then, after the pause, I heard the first man say: "Two hearts."

从内容上看,作者并没有将自己目击的意外情况全部写出来,而是有选择地记叙,虽只有一小段,但已令人身临其境。从脉络上看,本文包含了when, where, what, who, why 几个基本要素。一开始交代了事件的时间、地点、开端,中间叙述事件的经过,结尾表明了作者的态度,整篇文章清晰有序。从组织上看,这篇文章是以时间为线索,按顺序铺陈事件的出现过程。另外,第一人称的叙述也增强了叙事的真实性。

(二)描写文

描写文就是用生动、形象的语言将景物、人物、环境等描绘出来的一种文章体裁。有时候描写文与记叙文互相补充,综合使用,使文章有更多的变化。根据语言的风格,描写文可以分为主观描写和客观描写两种。主观描写通常带有作者自己的感情色彩,多用于情绪或意境的描写。这类描写多使用带有情感色彩的形容词、副词。客观描写通常是对感官感受到的事物的如实记录,没有任何解释和修饰,更没有作者自己的情感态度。这类描写通常多用名词、动词,少用形容词、副词。根据描写的对象不同,描写文可分为景物描写(包括景的描写和物的描写)、人物描写(包括外貌、语言、行为和心理等描写)等。例如:

First Snow

He was not sure what had awakened him. Perhaps the child had made some small noise in her sleep. But as he peeked from beneath the covers, his gaze was drawn not to the cradle but to the window.

It was then that he realized what had sneaked through the shield of his slumbers. It was the sense of falling snow.

Quietly, so as not to disturb the child's mother, he rose from the bed and inched toward the cradle. Reaching down, he gently lifted the warm bundle to his shoulder.

Then, as he tiptoed from the bedroom, she lifted her head, opened her eyes and daily dose of magic—smiled up at her dad.

He carried her downstairs, counting the creaks on the way. Together, they settled in at the kitchen table, and the adult in him slipped away. Two children now, they pressed their noses against the glass.

The light from the street lamp on the comer filtered down through the birch trees, casting a glow as green as a summer memory upon the winter-brown back yard. Frown the distance came the endless echo of the stoplight, flashing its ruby message, teasing like a dawn that would not come.

The flakes were falling thick and hard now, pouring past the window, a waterfall of mystery. Occasionally, one would stick to the glass, as if reluctant to tumble to its fate. Then, slowly, slipping and sliding down the glass, it would melt, it is beauty fleeting. Gone.

Within an hour, a white tablecloth was spread upon the lawn. And as gray streaks of dawn unraveled along the black seam of the distain hills, father and daughter watched the new day ripple across the neighborhood.

A porch light came on. A car door slammed. A television flickered.

Across the street, a family scurried into gear. But this day was different. Glimpsed through undraped window as they darted from room to room, the slim figures of the children seemed to grow ever fatter until; finally, the kitchen door flew open and outburst three awesomely bundled objects that set instantly to rolling in the snow.

He wondered where they had learned this behavior. Even the littlest one, for whom this must have been the first real snowfall, seemed to know instinctively what to do.

They rolled it, they tasted it, and they packed it into balls and tossed it at one another. Then, just when he thought they might not know everything, they set about shaping a snowwoman in the crest of the hill.

By the time the snowman's nose was in place, the neighborhood was fully awake. A car whined in protest, trot skidded staunchly out of its driveway. Buses ground forward like Marines, determined to take the hill. And all the white, the baby sat secure and warm in his arms.

He knew, of course, that she would not remember any of this. For her there would be other snowfalls to recall. But for him, it was her first, their first. And the memory would stay, cold and hard, fresh in his thoughts, long after the snowman melted.

(Jonathan Nicolas)

本文是一篇景物描写文，主要描写了黎明时初雪的景象。整篇文章利用具体的动词和形象的名词，不仅描写了初雪覆盖大地的静谧，还描写了孩子们堆雪人、打雪仗这样生动活跃的景象，动静结合，视听交融，勾勒出了一幅自然与生命美的画面。

(三)说明文

说明文是介绍事物的形状、构造、性质、变化、类别、状态、功能、成因、结果等特征的文章,并以说明为主要表达方式。说明文的应用性很强,特点就是具有知识性、科学性、应用性、解说性和条理性,目的是给读者提供知识。

常见的说明方法有定义、注释、举例、分类、比较、引用、比喻、描述、数字分析和综合等。常用的说明顺序有时间顺序、逻辑顺序、空间顺序和认知顺序。

说明文中经常使用一般现在时、被动语态,有时还会用虚拟语气。说明文通常条理分明、层次清楚,语言简洁而有逻辑性。例如:

Part-time Jobs

There are many part-time jobs for college students who need money to help pay their bills. For students who enjoy talking to customers, sales jobs are ideal. Some people like to find their own customers, so they choose door-to-door sales of products ranging from beauty aids and encyclopedias to vacuum cleaners. Other people prefer working in department stores, where customers find them. Students who like being around people, but do not want to persuade them to buy anything, might prefer clerking in a grocery or discount store. Those who enjoy providing service to the public might prefer office jobs as secretaries, file clerks, or bookkeepers. And those who like to keep their surroundings clean and neat might find that being dishwashers, stockroom persons, or janitors fills their need for both money and job satisfaction.

本例使用了分类法对不同种类的大学生兼职(door-to-door sales, sales in department stores, clerking in a grocery or discount store, office jobs, keeping clean and neat jobs)分别进行了介绍。

(四)议论文

议论文是利用证据、逻辑、推理来表达作者观点的一种文章体裁。议论文中,作者或直接提出自己的观点,或驳斥别人的观点。无论哪一种,都必须有明确的观点、充分的论据、精练的语言、合理的论证和严密的逻辑。

议论通常包括引文、正文和结论三部分。引文中包含文章的论点;正文部分包含有助于证明作者观点的事实、数据、事例、常识或亲身经历;结论部分是对全文的总结或进一步阐述文章的主题。例如：

Physical Exercises and Mental Advantages

（论点）Physical exercises can develop one's will. Nobody can succeed in anything if he does not put his will into it(列举法). A man, who wishes to lift 300 pounds, can do it(组织论据), if he has a strong will. （进行论证）Some long distance runners win after practicing day after day, year after year. A great many athletes get good reputation through nothing but a strong will which helps them realize their goals.

（论点）Physical exercises can also develop judgment. There are many people who are unable to make decision when(列举法) matters come to them. This is due to the fact that(组织论据) their judgment is not sound. An expert runner knows(进行论证) when he should run faster and when slower. A table tennis player can use different strategies to defeat his opponent.

（论点）Physical exercises can develop one's self-confidence too. Many persons do not trust themselves. As things come before(列举法) them, they usually hesitate, not knowing whether or not(组织论据) they have the ability to perform them. So a great deal(进行论证) of time is usually wasted and matters are left unattended. This is because these people have no self-confidence. An expert athlete believes that he has had great ability in a certain sport and that he can compete with others in that sport. He does not hesitate and try his best to win the championship.

（得出结论）Thus we know that one's will, judgment and self-confidence can be cultivated through physical exercises.

本文开头首先提出了论点，然后利用列举法组织论据，展开段落，最后通过严密的论证得出了结论。

通过上述事例及分析可以看出，我们在理解语篇时，必须从宏观上整体感知文章的主题、作者谋篇布局的特征、段落之间的连接与关系，以宏观整体理解带动微观细节理解，达到见树知林的效果，这样才能对语篇有一个全面而深入的把握，为后面的翻译打好基础。

第三章 文体翻译中的三个问题

在各类文体翻译的过程中,都需要处理多种影响翻译效果的因素,其中文化、修辞和风格三个因素尤其需要引起译者的高度重视。因为这三个因素在很大程度上决定着译文是否能够达到"信、达、雅"的标准。"信"要求译文内容尽量忠实于原作的思想内容;"达"要求译文的形式合乎逻辑、自然流畅,这两点与修辞紧密相关。"雅"则主要与译文的风格相关,要求译文选词用语尽可能得体,从而再现原作本身的优雅。此外,翻译与文化的关系也是密不可分的,翻译不仅要适切处理原作本身的文化因素,同时还要起到文化交流的作用。因此,本章就从文化、修辞和风格三个方面对翻译的问题进行论述。

第一节 翻译与文化

翻译与文化有着密不可分的关系,这是因为翻译是介于两种不同语言之间的一种活动,而不论是何种语言,其背后必然蕴含着自身独特的文化。因此,在一定程度上可以说,语言层面的翻译就是文化层面的翻译,翻译过程中必须要处理好文化这一重要因素。下面首先来了解一下文化这一概念的相关内容,然后再来探讨翻译中文化因素的处理问题。

一、文化概述

(一)文化的定义

"文化"一词由来已久,在中国和西方的历史语言体系中都出现过关于"文化"的记载。在古汉语中,最早出现的并非"文化"这一完整词语,而是将"文"和"化"分开使用,且二字具有不同的含义,如《礼记·乐记》有"五色成文而不乱"一说,《易·系辞下》称:"男女构精,万物化生。"将"文""化"二字合并使用最早出现于西汉刘向的《说苑·指武》中:"圣人之治天下也,先文德而后武力,凡武之兴,为不服也,文化不改,然后加诛。"

西方语言中的"文化"一词源于拉丁文 cultus,意思是"开发,开化",常用于耕种、开垦土地、居住等方面。值得一提的是英语的 culture、德语的 kultur 和法语的 culture 都是来源于拉丁文的 cultus,同样是指作物的种植。直到中世纪以后,"文化"才用来指人精神上的价值观念和审美情趣。

到了 19 世纪下半叶,西方人类学、社会学、文化学等涉及文化研究的学科逐渐兴起,有很多学者曾试图给文化下一个准确的定义。季羡林先生在北京外国语大学中文学院发表演讲《西方不亮,东方亮》时曾说:"根据现在全世界给文化下的定义有 500 多个,这说明,没法下定义。这个东西啊,我们认为人文科学跟自然科学不一样,有的是最好不下定义,……我个人理解的文化就是非常广义的,就是精神方面,物质方面,对人民有好处的,就叫作文化。文化一大部分呢,就保留在古代的典籍里边,五经四书呀,二十四史呀,中国的典籍呀,按照数量来讲,世界第一,这是毫无问题的;按质量来讲,我看也可以说是世界第一。大部分保留在典籍里,当然也有一部分不是保留在典籍里边,比如说长城,长城文化。长城是具体的东西。现在的文化,吃的盐巴也是文化,什么都是文化。"[①]正如季先生所说,文化作为人文科学的一个分支,很难通过一个简单的定义便将文化的全部内涵完全表达出来,我们能做的只是从狭义和广义角度对文化的含义进行较为准确的综合概述。

我国 20 世纪 70 年代出版的《辞海》中关于文化的定义是这样的:"文化,从广义上来说,指人类社会历史实践过程中所创造的物质财富和精神财富的总和。从狭义上来说,指社会的意识形态以及与之相适应的制度和组织机构。"

英国著名的人类学家泰勒(Edward Tylor)在其所著《原始文化》中对文化的概念做了综合的概括:"文化和文明,就其广义人类学意义上看,是由知识、信念、艺术、伦理、法律、习俗以及作为社会成员的人所需要的其他能力和习惯所构成的综合体。"

综上所述,广义的文化是指人类物质财富和精神财富的总和,而狭义的文化仅指精神方面的创造活动及其成果。

(二)文化的四个层次

文化所包含的内容十分庞大,一些中外学者在文化研究中,发现内容繁

---

① 季羡林. 东西方文化议论集(上册). 北京:经济日报出版社,1997.

杂、包罗万象的文化实际上存在一定的层次结构,并将其分为物质、制度、行为、心态四个层次。下面就对这四个层次分别进行论述。

1. 物质文化层

物质文化是可感知的、可用来满足人类物质需求的物质实体的文化事物,涵盖人类衣、食、住、行等各个方面。物质文化层所体现的实际是人类与自然之间存在的改造与被改造的关系,人类通过对自然界的利用和开发进行物质生产劳动,并通过生产获得相应的物质成果,这些劳动与成果构成了文化的物质层面。

2. 制度文化层

人类在社会实践中建立的各种社会规范和组织体现了文化的制度层面。人类在创造物质文化的过程中,逐渐形成一定的规章制度,这些制度既服务于物质财富的创造,又对物质财富创造者有约束作用。随着这样的社会环境不断发展进步,一系列用于规范人类行为的"制度"被制订出来,如婚姻制度、社会经济制度、家族制度、政治法律制度,随之产生的还有大量组织结构,如国家、民族、政治、宗教、科技、艺术、教育等。总而言之,文化的制度层实际上指的就是人类社会的制度法则。

3. 行为文化层

文化的行为层面主要是指人类在长期的实践交往过程中约定俗成的一些行为模式,主要体现在民风民俗方面,通常具有鲜明的地域、民族特色,如中国文化中的婚葬嫁娶、待人接物的礼仪等。这些行为文化往往是由少数人发起,在集体中得到认可和使用,经过几代人的传承和发扬,最终成为一种民俗,这些民俗构成了文化的另一层面,即行为文化层。

4. 心态文化层

心态文化层是文化的最高层次,是文化的核心部分。心态文化指的是人类在长期的社会实践和意识活动中形成的价值观、审美观和思维方式。不同的地域或民族,其宗教和历史背景也不相同,人们的思维方式和审美价值观自然也存在很大差异。心态文化层可细分为社会心理和社会意识两个层面。社会心理指的是社会群体的精神状态以及思想面貌。社会意识是较社会心理更高一层次的文化,是在社会心理的基础上进行总结、归纳而来的思想文化结晶,即著作或是艺术作品。心态文化层构建的情况可以反映出一个民族的文化水平状况。

二、翻译中文化因素的处理

为使翻译真正达到信息传达和文化交流的目的,如何看待和处理语言中的文化因素是翻译中不可回避,同时也是不能忽视的一个问题。针对英汉两种语言之间的文化差异,美国理论家韦努提(Lawrence Venuti)提出了"归化法"(domesticating method)和"异化法"(foreignzing method)。他指出:"译者可以选择归化和异化的方法,前者是以民族主义为中心,把外国的价值观归化到目的语文化中,把原文作者请回家来,后者则离经叛道地把外国文本中的语言和文化差异表现出来,把读者送到国外去。"[①]在此基础上,翻译界内部产生了两种对立的意见,即所谓"归化"(adaptation)与"异化"(alienation),前者主张译文应以目的语或译文读者为归宿,后者则认为译文应以源语或原文作者为归宿。

(一)异化法

所谓异化,是指在翻译上迁就外来文化的语言特点,吸纳外来语言的表达方式,要求译者向作者靠拢,采取相应于作者所使用的源语表达方式来传达原文的内容。换而言之,异化即保存原文的"原汁原味"。异化的代表人物韦努提从解构主义的翻译思想出发,提出了"反翻译"概念,他强调译文在风格上应与原文风格保持一致,并突出原文之异,主张"要发展一种翻译与实践,以抵御目标语文化占指导地位的趋势,从而突出文本在语言和文化这两方面的差异。翻译就其本质而言,就是将源语文化介绍给目标语的读者,使其了解源语文化"。[②]

例如,《红楼梦》中有这样一句话:"谋事在人,成事在天。咱们谋到了,靠菩萨的保佑,有些机会,也未可知。"英国著名翻译家霍克思是这样翻译的:"Man proposes, God disposes, work out a plan, trust to lord, and something may come of it for all you know."他把"天"和"菩萨"分别译为 God 和 Lord,这样很容易误导外国人,使他们认为中国人也是以上帝为神的,从而不能把源语文化很好地传达给目的语读者。杨宪益夫妇把它们分别译为 Heaven 和 Buddha,既完整地表现了原文的形象和民族的文化色彩,又把华夏民族的佛教文化传播给了西方读者。

又如,在翻译 cross the Rubicon 时如果归化翻译成"破釜沉舟",中文

---

① 王琬默,龚萍. 翻译中的文化因素. 辽宁工程技术大学学报,2006,(6).
② 廖海娟. 文化视角中的英汉翻译. 湖南科技学院学报,2010,(3).

读者立刻就会想到项羽在巨鹿背水一战大破秦军的历史典故,但却使译语读者失掉了了解同样经典的古罗马恺撒(Julius Caesar)大败庞培这一历史典故的机会。

此外,这种异化式翻译通过移入源语文化,可大大扩大源语文化的影响和丰富目标语的语言和文化。例如,Kungfu(中国武术),Fengshui(风水),Silk(丝绸),AIDS(艾滋病),bungee(蹦极)等,这样的异化比起一味地归化,用英语词汇来代替或解释概念更有利于英汉文化的传播(廖海娟,2010)。

著名的翻译家杨宪益认为,翻译的基础是人性的共同性,艺术审美的超时空性和文化雷同最终消除了历史距离,但不是消除得一干二净,翻译作品可以多一点异域情调。杨宪益夫妇翻译的《红楼梦》就采用了以中国传统文化为归宿的归化原则。他们的译本可以让外国读者领略更多的中国文化、社会习俗和汉语的表达方式。例如:

贾母笑道:"你不认得他,他是我们这里有名的一个泼皮破落户儿,南省俗谓作'辣子',你只叫他'凤辣子'就是了。"

The Lady Dowager chuckled, "She's the terror of this house. In the south they'd call her Hot Pepper. Just call her Fiery Phoenix."

宝玉笑道:"古人云,'千金难买一笑',几把扇子,能值几何?"

"You know the ancient saying," put in Baoyu, "A thousand pieces of gold can hardly purchase a smile of a beautiful woman, and what are a few fans worth?"

上述两个例子中的"凤辣子""千金难买一笑"都进行了异化处理,保留了中国文化特色,有利于在目的语读者中导入中国的"异域风情"。

当今社会的全球化趋势,使不同文化间敌视减少,交流增多,各民族在保持自己文化传统的同时,也乐于接受外来文化。许多异化成功的例子已经融为汉语或英语的一部分,几乎看不出移植的痕迹了。例如:

a stick-and-carrot policy 大棒加胡萝卜政策
Pandora's box 潘多拉的盒子
ivory tower 象牙塔
blueprint 蓝图
honeymoon 蜜月
crocodile tears 鳄鱼泪
纸老虎 paper tiger
丢面子 lose face
保全面子 keep face

磕头 kowtow

如上所述,异化翻译的目的是推崇文化交流,让译语读者理解和接受源语文化。因此,在翻译过程中,译者应该设法保留和传达原文特有的语言表达和文化内涵,避免以译语形象替换源语形象,从而达到"文化传真"的效果。

(二)归化法

所谓归化,是指恪守本民族文化的语言传统习惯,回归本民族语地道的表达方式,要求译者向目的语读者靠拢,采取目的语读者所习惯的表达方式来传达原文的内容,即使用一种极其自然、流畅的本民族语表达方式来展现译语的风格、特点。其代表人物奈达提出了"最贴近的自然对等"概念,主张译文基本上应是源语信息最贴近的自然对等。在奈达看来,译文的表达方式应是完全自然的,并尽可能地把源语行为模式纳入译文读者的文化范畴,不应为了理解源语信息而强迫读者一定得接受源语文化。①

归化策略的运用由来已久,在我国的翻译史上,归化的例子并不鲜见,佛经的翻译可以说是典型的一例。翻译家严复、林纾、梁启超等人的翻译,均可视为归化的翻译,著名翻译家傅东华《飘》的译本采用的就是归化的手法,傅先生把作品中的主人公加上了中国传统的姓,译成了"郝思嘉"和"白瑞德",从而使这部文学作品深入大众(廖海娟,2010)。

归化的优点在于译文读起来比较地道和生动。例如,as poor as a church mouse 译为"穷得如叫化子"而不是"穷得像教堂里的耗子";to seek a hare in hen's nest 归化翻译成"缘木求鱼",而不是"到鸡窝里寻兔";The man is the black sheep of family 如果译成"那人是全家的黑羊"便会使人觉得莫名其妙,倘若归化翻译成"害群之马",喻意就一目了然了。再比如,汉语中用来比喻情侣的"鸳鸯",最好不要译作 Mandarin Duck,因其不能给英语读者带来情侣相亲相爱的联想,而译为英语中现成的 lovebird,如此会令目的语读者很容易理解。下面再举一例。

领如蝤蛴,齿如瓠犀。
Her swan-like neck is long and slim; Her teeth like pearls do gleam.

上例中的原文出自《诗经》"卫风·硕人",是对美人的描写,"蝤蛴"指木中所生长的长白虫,比喻脖颈白而长。"瓠犀"是葫芦籽,形容牙齿清白整齐。译文放弃了原文中的文化形象,直接用 swan,pearls 等英语读者习惯的形象作喻,既直观易懂,又清楚地传达了原文的意思。这就是归化的手

---

① 廖海娟. 文化视角中的英汉翻译. 湖南科技学院学报,2010,(3).

法。又如:

The cold, colorless men get on in this society, capturing one plum after another.

那些冷冰冰的、缺乏个性的人在社会上青云直上,摘取一个又一个的桃子。

上例中,"李子"在汉语中并没有"运气、福气"的引申义,因此将其归化翻译为汉语中具有此含义的"桃子",更容易让汉语读者体会其中的意义。

此外,对于那些富有丰富的民族文化特色,承载着厚重的民族文化信息和悠久文化传统的成语与典故,可采用归化策略翻译。因为不同民族自然与社会环境、风俗习惯、历史与文化背景、精神生活等方面的不同,东西方文化差异很大,这往往给成语与典故的翻译带来难度,而采用归化法可寻找译语中类似的表达方式,从而保持成语典故特有的简洁性和精练的表现力。例如:

Talk of the devil and he will appear.

说曹操,曹操就到。

Among the blind the one-eyed man is king.

山中无老虎,猴子称大王。

You can't make a crab walk straight.

江山易改,本性难移。

When in Rome, do as the Romans do.

入乡随俗。

然而,语言不仅是交流的工具,它还是文化的载体,有时候语言的形和意不能分开。归化译法的缺点是滤掉了原文的语言形式,只留下了原文的意思。这样一来,我们有可能失去很多有价值的东西。如果每次遇到文化因素的翻译,译者都只在译语中寻找熟悉的表达方式,那么译文读者将不会了解源语文化中那些新鲜的、不同于自己文化的东西。长此以往,不同文化间就很难相互了解和沟通(兰萍,2010)。

仍然以霍克思所译的《红楼梦》为例,他的翻译文本读来让人感到好像故事发生在英语国家一样,具有很强的可读性,但其不足的一面是改变了《红楼梦》里丰富的中国传统文化内涵。例如,将带有佛教色彩的"天"译为西方读者更容易接受的 God(神);把"阿弥陀佛"译成"God bless my soul!"。这就有可能让一些英语读者误认为中国古人也信奉上帝,这无疑阻碍了中西方文化的交流。

再如,"It is as significant as a game of cricket."这句话如果翻译为"这事如同板球比赛一样重要",汉语读者就很难了解其文化内涵。因为板球在中国的普及程度不高,一般人不熟悉这项运动,自然就不能理解板球比赛和重要性之间的关联。所以该句最好译为"这件事很重要",突出该句最重要的含义。这种译法的不足之处是造成了文化语义的缺损,让目的语读者失去了欣赏源语文化色彩的机会,无从了解到板球比赛在西方文化中的重要性。因此,在采用归化法的时候一定要注意把握好分寸,原文的性质、目标读者、文化色彩的强弱等都是译者应当考虑的问题。

总之,翻译旨在促进文化交流,译者的责任之一就是避免文化冲突。从根本意义上说,译著的最终目标是为译入语读者服务。"归化"翻译可使普通读者更好地理解原文,消除隔阂,真正达到文化交流的目的。

(三)归异互补法

归化与异化作为跨文化翻译中的两种策略,二者都有各自适用的范围和存在的理由,因此强调任意一种都是不完善的,只有将其巧妙地结合起来才能更好地达到翻译效果。① 郭建中博士曾说:"翻译中的归化和异化不仅是不矛盾的,而且是相互补充的,文化移植需要多种方法和模式。"归化互补导致文化的杂合化,王东风博士指出,"杂合并不可怕,不断而有度的杂合化可以提高文化肌体的接受力,降低排一性。世界上有些文明已经消亡,虽然消亡的原因有多种,但有一种可能的原因不可忽视,那就是拒绝与异族文化杂合和交流。语言也是这样,拒绝杂合就是走向灭亡"。因此,为了文化的繁荣,兼收并蓄,我们提倡"归异互补"的翻译策略。

翻译过程中采取"归异互补"的策略,有利于中国文化的繁荣与传播。随着中国在经济与政治上的强大和全球一体化的深入,世界文化交流日益加强,中西文化的强弱被渐渐地淡化。翻译家们越来越尊重源语的文化传统,采用"异化"翻译,尽可能地保留源语文化意象。例如,北京奥运会吉祥物"福娃"的国际译名,经过多方的商议,最终由 Friendlies 正式更改为 Fuwa。

此外,在具体的翻译实践中要讲究分寸和尺度,不可走极端。过分的异化,不顾译语的语言习惯,不顾读者的需要,一味追求跟原文的形式对应,往往造成了译文的晦涩难懂,影响译文的可读性。例如:

What a comfort you are to your blessed mother, ain't you, my dear boy, over one of my shoulders, and I don't say which!

(Charles Dickens: *David Copperfield*)

你那位有福气的妈妈,养了你这样一个好儿子,是多大的开心丸儿。不

---

① 廖海娟. 文化视角中的英汉翻译. 湖南科技学院学报,2010,(3).

过,你可要听明白了,我这个话里可有偏袒的意思,至于是往左偏还是往右偏,你自己琢磨去吧!

(张谷若 译)

你是你那幸福的母亲多么大的安慰,是不是,我亲爱的孩子,越过我的肩头之一,我且不说是哪一个肩头了!

(董秋斯 译)

上例中,董秋斯刻意追求对原文的异化,虽然保持了和原文的对应,但汉语读者读来却是不知所云。而张谷若采用归化的策略,清楚地译出了原文内在的含义,为汉语读者扫清了语言理解方面的障碍。

同时,过分的归化,不顾源语的民族文化特征,不顾原文的语言形式,一味地追求译文的通顺和优美,甚至在译文中使用一些具有独特的译语文体色彩的表达手段,这就有可能会导致"文化误导"。例如:

Doe…a deer. a female deer. Ray…a drop of golden sun. Me…a name I call myself. Far…a long long way to run. Sew…a needle pulling thread. La…a note to follow sew. Tea…a drink with jam and bread. That will bring us back to doe.

朵,美丽的祖国花朵。来呀,大家都快来!密,你们来猜秘密。发,猜中我把奖发。索,大家用心思索。拉,快点猜莫拖拉。体,怎样练好身体,做茁壮成长的花朵。

上例是影片 *Sound of Music* 中的一首歌词。译文虽然也表现出一种轻松、活泼、诙谐的情调,但其内容与原文却风牛马不相及。这种归化把原文"化"得面目全非,失去了翻译应有的意义(兰萍,2010)。因此,好的翻译即是在异化和归化之间找到一个合理的折中点。这需要译者仔细研究原文,弄清原文的意蕴,遵循在对翻译目的、作者意图、文本类型和读者对象等因素分析的基础上审慎地做出选择,准确把握好"化"的分寸。

需要重点说明的是,即使是在同一篇文章中,翻译的策略也不是单一的,不能从头到尾机械地都用同一种方法。在面对翻译中的文化问题时,好的译者应该具有敏锐的跨文化意识,不管采用什么方法来翻译,都应该做一个尽心尽力的文化使者。

(四)文化调停法

所谓文化调停,就是省去部分或全部文化因素不译,直接翻译原文的深层含义。当归化和异化均无法解决翻译中的文化差异问题时,译者可采用文化调停的方法。这种方法的优点是译文通俗易懂,可读性强,但缺点是不能保留文化意象,不利于文化的沟通和交流。例如:

当他六岁时,他爹就教他识字。识字课本既不是《五经》《四书》,也不是常识国语,而是从天干、地支、五行、八卦、六十四卦名等学起,进一步便学些《增删卜易》《麻衣神相》《百中经》《玉匣记》《奇门遁甲》《阴阳宅》等书。

(赵树理《小二黑结婚》)

When he was six, his father started teaching him some characters from books on the art of fortune-telling, rather than the Chinese classics.

上例原文中含有十几个带有丰富的汉语文化的词汇,如《五经》《四书》、天干、地支、五行、八卦、六十四卦名、《百中经》《玉匣记》《增删卜易》《麻衣神相》《奇门遁甲》《阴阳宅》,要把这些内容全部译成英文非常困难,同时也没有必要,因为即使翻译成英文,英文读者也很难理解,故可采用文化调停的方法,省去不译(兰萍,2010)。

总之,翻译的实质是文化的翻译。翻译既要正确传译原文的内容,又要考虑译语的社会文化语境,使译文实现其在译语社会中的文化功能。翻译中文化因素是首先要考虑的因素之一,唯如此,译文才能被读者所接受,从而达到文化传播与交流的目的,同时达到繁荣文化的目的。[1]

第二节 翻译与修辞

一、修辞概述

(一)修辞的定义

1. 外国学者对修辞的定义

西方各修辞学者对修辞一词的定义从不同角度进行界定,下面介绍一些主要的观点。

亚里士多德(Aristotle)认为,修辞"是一种发现存在于每一种可行事例中说服方式的能力"。尽管亚里士多德对修辞的定义由于受到时代发展背景的影响而具有一定的局限性,但是其定义对当时修辞学的发展具有不可忽视的影响。亚里士多德的著作《修辞学》作为欧洲的第一部系统而完整的

---

[1] 张琳琳. 论文化差异对翻译的影响. 考试周刊,2008,(18).

修辞学著作,总结了古希腊修辞学的精华,为后世西方修辞学的发展奠定了基本理论框架。亚里士多德作为历史上将修辞学进行系统化的第一人,他的学说及著作对后世西方修辞学的发展甚至是当代修辞学的研究都具有深远的影响。

The World Book Dictionary 将修辞定义为"The art of using words in speaking or writing so as to persuade or influence others." 可见,此定义认为修辞既体现在书面语,又体现在口语,而且其所提出来的定义侧重于说服或影响他人。

Random House Webster's College Dictionary 则将修辞定义为"The art of effectively using language in speech or writing, including the use of figures of speech." 可见,同 *The World Book Dictionary* 一样,*Random House Webster's College Dictionary* 也认为修辞包括书面语和口语,不同的是,后者还提出了修辞格的使用。

肯尼思·伯克(Kenneth Burke)认为,修辞是"把语言作为一种符号工具来使用,以诱使人们进行合作,因为对符号做出反应是人类的本性"(the use of language as a symbolic means of inducing cooperation in beings that by nature respond to symbols)。

布莱恩特(D. C. Bryant)在 *Rhetoric: Its Function and Scope* 一书中提出,"Rhetoric is the theory of informative and persuasive discourse." 可见,布莱恩特对修辞的定义侧重于其教育性与劝说性。

布鲁克斯和沃伦(C. Brooks & E. P. Warren)在两人合著的 *Modern Rhetoric* 中提出,"Rhetoric is a kind of art which deals with how to manipulate language effectively."

马丁·斯坦曼恩(Martin Steinmann)则在其所著的 *New Rhetoric* 一书中提出"What rhetoric concerns is how to make an effective choice between two synonymous expressions."

理查兹(I. A. Richards)在其著作 *The Philosophy of Rhetoric* 中提出,"Rhetoric should study the misunderstanding in human communication and find a solution to it."

2. 我国学者对修辞的定义

我国诸多学者也对修辞进行了研究,并从不同角度对修辞一词进行界定。下面介绍一些主要观点。

《现代汉语词典》(2002)将修辞解释为"修饰文字、词句,运用各种表现方式,使语言表达得准确、鲜明而生动有力"。

《辞海》(1979)则将修辞定义为"依据题旨情境,运用各种语文材料、各种表现手法,恰当地表现写作者所要表达的内容的一切活动"。由此可见,与《现代汉语词典》相比,《辞海》的定义一方面涵盖了书面文字和口头语言,另一方面也突出了"依据题旨情境"的"恰当"表达是修辞追求的目标。

在北京大学语言学教研室所著的《语言学名词解释》中,也对修辞给出了以下定义:"修辞是指最有效地运用语言,使语言很好地表达思想感情的一种技巧。研究这种技巧的学问,就叫作修辞学。换言之,修辞学是以修辞的规律、方法和语言手段的表现为研究对象的科学。"

我国著名的修辞学家、语言学家陈望道先生在其著作《修辞学发凡》(1979)一书中提出,"修辞不过是调整语辞,使达意传情能够适切的一种努力"。

张弓(1963)在《现代汉语修辞学》一书中提出,"修辞是为了有效地表达意旨、交流思想而适应现实语境,利用民族语言各因素以美化语言"。

杨鸿儒在《当代中国修辞学》(1997)中,在整合陈望道、张弓的观点的基础上,提出了自己对修辞定义的看法,即修辞是"通过对语言材料的选择、调整、修饰,使语言美化,更好地交流思想,表情达意"。在书中,杨鸿儒还对其中的"调整""修饰"进行了解释,认为"调整"主要是指依据题旨、情境的需要,对词语、句式、段落、篇章做恰当的选择和安排,力求达到语言准确、鲜明,没有丝毫的模糊,也没有丝毫歧义的目的,使读者清楚、明白;而"修饰"则主要指恰当地选择一些修辞手段、修辞方法,增强语言表达的艺术效能。

郝树满认为,人们在社会上用语言进行交际的时候,语言是形式,思想是内容,人们在表达一个内容时可以有不同的表达形式。在特定的语言环境下,人们为了取得更好的表达效果,应选取最佳的形式,这个语言运用中的选择、提炼、加工、调整,就是修辞。用一句话概括就是:为了求得最佳的表达效果而对语言材料进行选择和加工,称作"修辞"。

吕煦在《实用英语修辞》(2004)一书中,总结了中国学者关于修辞和修辞学的界定,认为"修辞是最有效地运用语言以期更充分、透彻、鲜明地表情达意的一种艺术。研究这种艺术的学问,就叫作修辞学。修辞学就是研究在一定的题旨和条件下如何对语言素材进行调整、加工、润色,如何运用修辞方式以提高语言表达效果的学科。它旨在探讨修辞规律和方法,并将它们上升到理论高度以具体地指导语言实践"。

由以上列举的中外学者关于修辞的定义可以看出,虽然关于修辞的定义五花八门,但是只要细细分析就可以发现,其实学者是从各个不同的角度来阐释自己对 rhetoric 的理解,从不同角度定义 rhetoric。通过对比中外学者对修辞的定义可知,英语的 rhetoric 跟汉语的"修辞"并非完全对等,两者

第三章 文体翻译中的三个问题

之间存在以下偏差。

(1)汉语的"修辞"没有作为普通名词使用的 rhetoric 所携带的贬义。

(2)汉语的"修辞"不像英语的 rhetoric 那样与演讲术有密切的关系。

(3)汉语的"修辞"不像英语的 rhetoric 那样强调以劝说为目的。

这些差异导致汉语修辞学和英语修辞学在研究范围、研究重点和研究视角上都不完全重合。但是同时研究英语的 rhetoric 定义和汉语的"修辞"定义可以有助于人们全面地研究、理解英语修辞的定义。

(二)修辞的特点

修辞是使用者以语言文字为中介,满足人们社会交际需要的一种言语行为。这就使修辞既是一种有规律可循的语言应用行为,同时又是一种具有浓厚的民族属性以及使用者个人特点的人文现象。因此,修辞具有非常鲜明的特点。

1. 应用性

修辞是一种运用语言文字符号来传达思想内容和表述感情态度的社会交际行为,因此修辞的基本特点是应用性。可以从以下几个方面来理解修辞的应用性。

(1)修辞是对语言的运用,是一种社会交际行为,始终以应用的形式来表现自己。当人们掌握了语言符号后,就能够恰当地使用它们,以实现自己的表达目的,准确、得体地表达自己的思想感情、情感倾向,使对方能够有效地接受自己,从而获得最佳的表达效果。由此可见,修辞实际上是语言实践活动,具有应用性的特点。

(2)修辞手段具有明显的应用性特点。修辞方式、话语手段产生于语言文字符号、对语言符号的运用以及语言实践,并且活跃于交际活动中。实际上,任何一种修辞形式、修辞手段,只有在具体的应用行为中才能够得到实现与解释。即使是可以归纳出抽象格式的修辞手段,也只能在实际应用中才能体现其实际价值。例如,我们可以概括出"本体+喻词+喻体(+相似点)"这一个格式,但是仍然要依赖具体的描写对象及语境,甚至是表达者的语言能力、思维能力,才能使"本体"和"喻体"得到实际、巧妙的连接。

(3)评价修辞效果必须结合具体的应用语境。要评价一个修辞活动的最终效果,必须而且只能结合具体的言语行为过程才能够得到恰当的解释以及准确的认识,而不是就事论事。

2. 社会性

20世纪美国一些当代修辞学家认为,修辞与社会息息相关,修辞不仅是"人类运用符号相互交际的独特能力",[①]而且是"一种用以协调社会行为的交际活动"。[②] 社会因素对修辞的起因与发展有着基本的、决定性的作用。

公元前5世纪后,随着希腊、罗马民主政体的建立,希腊、罗马政治、经济、文化的发展进入了鼎盛时期。民主促使人们的思想变得活跃,不管是政治性的演说还是法庭的论辩,或者是各种庆典中的颂词,都可以影响公众情绪,并促使人们采取行动,这使语言交际成为人们日常生活中更为迫切的需要。因此,修辞成为了社会的迫切需要,而西方修辞学也随着进入了第一个繁荣时期。

随着现代传播媒体的出现,传统的语言交际模式产生了变化,但修辞仍然是人们生活中必不可少的部分,修辞实践活动仍然存在于人们每一天的社会生活中。

作为社会中的人,我们的社会生活是离不开修辞的。因为我们需要与他人交流,而与他人交流就需要修辞。修辞在现代社会中尤其重要,必不可少。在现代社会,随着科技、交通、运输等领域的快速发展,经济全球化趋势加强,不同国家、不同民族、不同文化之间的交流越来越频繁。同时,社会各行各业以及各种社会群体的交际需要也增加了人们对修辞的需求。此外,随着社会的发展,求职、推销等各项公私事务活动的增加,人们面临的修辞情景和修辞过程也多种多样。有学者提出,"修辞对于社会中的人来说,就像呼吸一样自然和必要。"[③]社会是个大集体,人们要传递信息、交流情感、进行社会互动与合作,都需要通过话语来实现。因此,从某种程度上说,每个人都是修辞家,修辞已经成为了一种必不可少的社会行为。

3. 民族性

修辞的民族性,是指修辞作为一种社会交际行为,更多地浸染着与使用民族相对应的浓厚的文化关联。无论是交际观念的选择,还是具体的修辞方式的构成与表达,都折射着一个民族的文化心理以及审美观念。从微观

[①] Foss, K. S. , Foss, K. A. & Trapp, R. *Contemporary Perspectives on Rhetoric*. Lake County: Waveland Press, Inc. , 1991.

[②] Hauser, G. A. *Introduction to Rhetorical Theory*. Lake County: Waveland Press, Inc. , 1991.

[③] Corbett, E. P. J. & Connors, R. J. *Classical Rhetoric for the Modern Student*. Oxford: Oxford University Press, 1999.

方面看,修辞手段的使用、选择也凝结着民族文化色彩,这可以从以下几个方面看出。

(1)修辞方式与民族心理不可分割。民族心理对修辞方式有着不可忽视的影响作用,我们可以透过人们使用的修辞方式观察人们的深层意识。例如,在我国无论是在书面语中还是在口语中,人们都喜欢使用"花""草""玉"等事物来描写女性的美貌、肤色等,而使用"竹""梅""松"等来描写人品以及追求。

(2)修辞方式与民族伦理有关。例如,我国传统的压抑自我的生活准则,导致我国人民在公文报告中、书信中选择使用尊卑表述,在面对别人的表扬时选择自抑性反应。

(3)修辞方式与民族生活密切相关。在我国,"(你)吃过了吗?"是最常见的问候语,这一问候语实际上是过去我国普通老百姓的生存状态在言语表达形式上的定格。我国几千年来一直处于农业社会,农业生活对言语行为方式的选择有很大的影响。例如,用"老牛拉破车"这一俗语来表示行动慢就是农业社会在言语行为方式上的反映,而英语则更习惯用 snail(蜗牛)来作喻体。

(4)修辞活动与民族语言文字符号密切相关。语言文字是任何一个民族实现修辞行为的手段。但是在将语言文字符号作为工具使用时,不仅可以实现其工具功能,而且能够把它作为材料,对某种修辞方式或修辞手段的形成起到直接影响或参与的作用。

二、翻译中修辞方式的表达

(一)恰当运用成语,加强修辞效果

汉语成语内涵丰富且言简意赅,在翻译修辞方式时可恰当地运用成语,这样做不仅可以"达意",还可以很好地强化语言的效果。通常而言,翻译中修辞方式想要与成语求切需要注意以下方面的问题。

(1)翻译时尽量把握好原文中修辞文采的立意,使用对应的成语互译,即用汉语成语译成英语的常用词组、谚语、成语和流行语等,如 like father, like son(有其父,必有其子),sooner or later(或迟或早),to go through fire and water(赴汤蹈火)等。下面来看一则具体实例。

…By being so long in the lowest form (at Harrow) I gained on immense advantage over the cleverer boys…I got into my bones the essential structure of the ordinary British sentence—which is a noble thing.

(Winston Churchill:*Roving Commission*:*My Early Life*)

上例中有两个成语，to gain（an immense）advantage over 可以译作"比……（远）胜一筹"，而 to get sth. into one's bones 意思与汉语成语"铭刻在心"相对应，便可如此翻译。需要强调的一点是，译文要求与成语求切的目的是照顾原作的修辞手段，故千万不可机械地找成语进行硬译，以免取得适得其反的效果。

(2) 重神似而不重形似。考虑到英汉语言表达上的巨大差异，在翻译过程中很难做到原文与译文形式和含义上的完全对应，因此为了准确传达原文的修辞手法，通常会舍弃语言形式上的对应而力求神似。例如：

I had **brought the press to tears**, having six appointments a day, every day, and **never saying a word**. They had to stand there **in that heat** watching me go in, come out, go in, come out, and **never saying anything**.

我把记者们弄得**哭笑不得**，一天六次会晤，对他们却**一字不漏**。他们站在外边**头顶骄阳**，眼巴巴看着我出出进进，就是**守口如瓶**。

(3) 慎重考虑英汉成语本身所具有的色彩。在英汉两种语言中，其成语与词一样具有褒义、中性和贬义等色彩，并且有些成语本身还具有夸张、讽刺等修辞功能。因此，在翻译过程中必须注意这些成语的使用，尽量使其恰到好处。下面来看一则成语运用不当的实例。

In scientific research, especially in the social sciences, it is not uncommon for a phenomenon to change as a result of study and observation.

在科学研究中，特别是就社会科学而言，由于人们研究和观察的结果，一个现象发生变化是司空见惯的。

上例中，译者将 not uncommon 译成了"司空见惯"，但该成语在汉语中属于贬义词，具有讽刺、不满等含义，这与上下文的内容是不相符的，因此译作"也是常有的事"更加贴切。

总之，运用成语进行翻译是修辞方式表达的一种有效手段，但在翻译时需要译者考虑周全，不可乱用、滥用成语，以免取得相反的效果。

(二) 精心选择词语，避免词语梗滞

在翻译过程中，译文修辞方式的表达中出现词语梗滞现象的原因通常有以下几种。

1. 搭配不当导致梗滞

在修辞的翻译过程中，经常会出现搭配不当的毛病。词语的搭配是约定俗成的，可以使人产生自然的语感，如果搭配不当则会产生不协调的梗滞感。由于偏正式搭配和支配式搭配在英汉两种语言中使用得最多，因此这两类搭配是在翻译过程中尤其需要加以注意的。

(1) 偏正式搭配。所谓偏正式搭配,即定语+名词中心词的搭配。其中,定语作为修饰部分是可以替换的,名词中心词作为被修饰部分是不可以被替换的,是稳定的。在将英文译作汉语的过程中,译者不能随意改变中心词,需要密切注意偏正式搭配中的内在联系,适当调整中心词之前的修饰语。例如:

good gold 真金
good teacher 良师
good will 善意
good friend 益友
good neighbor 友邻
good wife 贤妻
good mother 慈母

通常而言,英译汉过程中出现偏正式搭配不当的原因有以下两个方面。
① 译者错误理解原词的词义。
② 译者没有正确判断近义词的词义,误用了近义词。

下面来看几个偏正式搭配不当的例子。

将 poised manner 译作"稳健的态度",正确译文应当是"稳重的态度"。

将 biting humor 译作"切肤的幽默",正确译文应当是"尖刻的幽默"。

将 smooth runway 译作"平整的跑道",正确译文应当是"平坦/平滑的跑道"。

在汉译英过程中,人们十分强调偏正式词语组合中的炼词,准、精、美是其炼词的标准。译者应该尽量提高炼词的水平。例如:

humble gift 薄礼
slim fingers 纤指
dumb anger 忧愤
rejected wife 弃妇
careless grace 潇洒

colorless mediocrity 庸才
extraordinary thought 奇想
blighting shame 奇耻
trickling fountain 琴泉
penetrating eyes 慧眼
ingenuous tastefulness 淡雅

delicate fragrance 幽香

（2）支配式搭配。所谓支配式搭配，即谓语动词＋宾语。其中的宾语通常由名词来充当，是不可随意变动的，而谓语动词作为修饰成分可以被替换。在大多数情况下，英汉的措辞习惯是一致的，有些更是十分契合的。例如：

to report the loss 报失
to rent a house 租房
to clink glasses 碰杯
to repair a watch 修表
to crack the case 破案
to open a window 开窗

通常情况下，支配式搭配中的动词在英语和汉语中的表达是有出入的，故翻译时不可采用直译，如下面这个例子中有19个支配式搭配，其中一半以上无法采用直译的方法。

A greeting card can warm a heart, hold a hand, lend an ear, pat a back, light up a face, tickle a funny bone, dry an eye, surprise a child, woo a sweetheart, toast a bride, welcome a stranger, wave a goodbye, shout a bravo, blow a kiss, mend a quarrel, ease a pain, boost a morale, stop a worry and start a tradition.

由上可知，如果英汉措词不一致，那么在翻译支配式搭配时必须摆脱英语动词字面上的束缚才能避免行文梗滞。译者可根据英语动词的实际含义，同时结合宾语名词来确定汉语动词，从而得到英汉语深层结构上语义对等的结果。例如：

to whet appetite 开胃
to read a map 查地图
to take bribes 受贿
to hold one's ears 捂住耳朵
to conduct experiments 做试验
to throw a party 举办舞(宴)会

需要强调的一点是，英译汉过程中造成译文梗滞的一个主要原因是由于英语的一个谓语动词与很多个宾语相搭配，在翻译过程中十分容易忽略它们之间的联系，由此导致了搭配不当的状况。例如：

Faced with the realities of Washington politics, the President is now busy tackling the issues in the fields of defense and diplomacy, the federal bureaucracy, and the differences among top officials.

第三章 文体翻译中的三个问题

面对华盛顿的政治现实,总统眼下正忙于应付防务和外交领域中的各项问题、联邦政府的官僚主义以及高级官员之间的分歧。

该例中,译文中的"应付"只能与"问题"相呼应,而不能与"分歧"相呼应。汉语中通常使用"解决""调解"等与分歧进行搭配。可见上述译文就是因为忽略了谓语动词与多个宾语搭配之间的关系而导致了译文的梗滞。

2. 措辞不当导致梗滞

众所周知,英汉语的词汇都是十分丰富的,一词多义的现象比较普遍。从翻译的修辞角度来看,汉语措辞不当往往是由于没有准确掌握句子中的词义。例如:

One can imagine the battles the president will have with Congress when his cuts are considered piece meat by different committees.

人们可以描绘出国会各委员会在认为总统的预算削减过于零敲碎打时他与国会之间将会出现什么样的厮杀。

在上例中,译文中的 imagine(描绘),cuts are considered piece meat(零敲碎打),battles(厮杀)等词与原文中的词语意思都是对应的,但用在此处则欠妥当,因为与该句子的语境不相符。imagine 应当译作"想象得出",cuts are considered piece meat 应当译作"微不足道",battles 应当译作"矛盾",这样才是比较符合语境的翻译。再如:

Equality in that country seems to be going into reverse. Reason: rise of an elite group enjoying a way of life denied the masses.

在那个国家,平等似乎正在走向反面。理由是一个权贵集团的升起,他们享受着拒绝群众享受的生活方式。

上例中,有三处译文是不合理的。其一,reason 有"理由""原因"的意思,在汉语中,"理由"是做一件事的依据,而"原因"则是造成某种结果的条件,根据上下文语境,这里应该译作"原因"而不是"理由"。其二,denied 应该译作"排斥"而不是"拒绝",因为"拒绝"一般指不接受赠礼、请求等。其

3. 用词生涩导致梗滞

用词生涩即使用的词拗口不顺,语义含混。在英译汉时出现这一现象的原因主要是由于译者拘泥于英汉语字面上的对等,忽视了词汇约定俗成的用法。例如:

Language does not exist in isolation—it is the preservation of our past and the record of our present civilization.

语言不存在于孤立的态度中——它是我们往古文明的保藏和当今文明的纪录。

该例中,preservation 作为动词是不能当名词使用的,译者也许为了求得与原文字面对等,而将"保存"与"储藏"糅合、新造了一个名词,但由于没有考虑到词语的词性问题而导致了语法上的错误。

有的译者也有可能由于刻意求雅而使用一些古词语,从而导致了译文既不与原文词义相近,又使得句子与上下文十分不协调。例如:

Even the novelist of the 1970's had one monotonous, self-indulgent message-fulfillment; but this idealistic goal invariably surrenders to the emotional fact of narcissistic preoccupation.

即令是 20 世纪 70 年代的墨客骚人都只有一个千篇一律的自耽之念,即"完成";但就是这个理想主义的鹄的,也已无一例外地易位于耽溺于自恋的感情事实。

上例中,译者将 novelist(小说家)翻译成了"墨客骚人",这个词是我国古代用来形容诗人或文人的。"自耽之念"不仅十分拗口而且意思与原文不符。另外,"易位于耽溺于自恋"是很不通顺的汉语。可见,译者在翻译过程中不能为了刻意求雅而致使译文生涩梗滞,而应该简单通俗,从而剔除不常用的生涩之词。

综上,在翻译修辞的过程中,译者应该善于使用多种翻译手法,如正说、反说等,有效化解梗滞现象的存在。唯如此,才能使翻译技能得到不断的提高。

(三)正确使用虚词,力求语句通顺

虚词通常不表示具体概念,不过翻译时仍然需要掌握虚词的词义及作用。下面从翻译的修辞要求这一角度出发,来分析译文中虚词的运用问题。

1. 虚词的滥用

造成虚词滥用的原因有两个方面。
(1)译者不了解汉语虚词的用法,忽视汉语重意合而不重形合的特点。
(2)译者机械照搬原文的翻译。
下面来看两个实例。

The reasonable man adapts himself to the world; the unreasonable one persists in trying to adapt the world to him. Therefore all progress depends on the unreasonable man.

(Bernard Shaw)

第三章 文体翻译中的三个问题

　　由于明达事理的人总是使自己适应于世界，而不明事理的人坚持让世界适应于他自己，所以一切进步取决于不明事理的人。

（萧伯纳）

　　上例中，"由于"是多余的。译者大概误解了汉语分句组合连词如"因为……所以"等的用法，而将其译作了呼应式，其实这类连词都可以单独使用。因此，上例中的"由于"需要删去，"所以"改译作"可见"相对而言更加符合萧伯纳的幽默性格。再如：

　　A few of the pictures are worth mentioning both for their technical excellence and interesting content.

　　其中有些照片既由于其技术高超又由于其内容有趣而值得一提。

　　上述译文滥用虚词现象十分严重，从而导致整个句子晦涩难懂。将多余的虚词删去之后，译文将会非常明确清晰："有些照片技术高超，内容有趣，值得一提。"

2. 虚词的误用

　　通常而言，译文中误用虚词的原因有以下两个方面。

　　（1）译者不重视查阅虚词的词义，仅依靠母语语感进行翻译。虽然母语语感作为一种直觉性的语言申辩力对于翻译而言十分重要，但其只具有相对的可靠性，因为任何语言中都有"并存现象"的存在，这种现象会影响人的母语语感。

　　（2）有些虚词存在同音异义或近似音异义的问题。这种状况往往会导致译者由于分不清词义而误用虚词，如而—尔，的—地，自—至，继而—既而，予以—加以，对于—关于—对等。

　　下面用一则"对于—关于—对"的实例进行详细说明。

　　Then there is the deluge of information and remedies along with various ...to the troubled but nonsense to the professional.

　　然后大量涌现对这种毛病的补救办法和介绍，以及各种各样用于医治现代生活带来的焦虑心的疗法。对于那些患者，这一切似乎都很必要，但对于医生，那不过是胡说八道。

　　在汉语中，"关于"主要针对人或物，表示范围；"对"和"对于"主要表示人或事物，其中"对"的使用范围要大于"对于"。而在上例中，第一、二个"对"和"对于"是关于，表示关涉的意思，"医治"前的"对于"可以省略。而后面两个"对于"则可以使用单纯表示对象的"对"字。"对于"比"对"稍微正式些。

第三节 翻译与风格

相关专家认为,翻译中的风格问题不仅是翻译过程中一个不可忽视的因素,更是翻译中的一个难点。风格体现在语言的形式和内容上,译文只有将二者相统一,与原作兼具形态与神韵上的一致性,才能算作体现出了原作的风格。可以说,再现原作风格是翻译追求的目标之一。本节就来探讨翻译与风格之间的密切关系。

一、风格概述

所谓风格,指的是一个时代、民族或流域以及一个人文艺作品中所表现出的思想和艺术特点。文学语言同其他文体相比较而言,其重要特征是它的风格具有艺术性,对语言风格的研究在风格研究中占有重要的位置。著名语言学家雅各布逊(Roman Jacobson)曾经指出,语言研究中不可忽视的一个问题是"是什么东西使得语言信息变成了艺术品,探究语言艺术与其他艺术相比而表现出的特殊之处"。许多作家都有不同于他人的独特写作风格,"文学作品的风格是根源于作品并且表现于形式的,是它作为完整有机体的总特征,是它在艺术上获得相当成就的标志之一。"(蔡仪,1982)

文体风格由两个因素相结合而成,即作者个人观点和所要表达的意思。换言之,文体风格是作者在表达意思时表现出来的个人特点。单纯从理论的角度来看,"风格"这一词的含义没有广泛且公认的界定,其范围似乎很大,无所不包,如民族风格、时代风格、阶级风格等是从大的方面来界定的,而作者笔下的一个词、一个句式同样体现了该作者的风格特征,这是从小的方面进行界定的。

综上可知,文艺作品的内容和形式都可体现出一定的风格,体现出不同艺术家所追求的艺术特色。因此,为了能够保存原作的神韵和风姿,再现原作风格就成为翻译过程中一个极其重要的问题。

二、翻译中风格的把握

(一)力求形神皆似,追求风格对等

翻译译文要在准确传达原文内容的前提下,尽力做到与原文形神皆似,

即形态、文体和风格相似。译文在整体上尤其要与原文的风格一致,原文的风格如果高雅,译文也要高雅;原文的风格如果粗俗,译文同样要粗俗。唯如此,译文读者在阅读的时候才能获得与原文读者基本相同的感受。例如:

"Come, Tom, don't you think you'd better be reasonable! —heave that old pack of trash in the fire, and join my church!"

"得啦,汤姆,我看你还是放聪明点儿!把那本破书扔进火里去,改信我的教吧!"

上例中原句的风格是口语化,在翻译成汉语时同样需要根据说话人的性格特点保留原句的风格,从而有效传达原句的神韵和感情。因此,译文中的"得啦""我看你还是放聪明点儿!"等把原文中的口语化风格淋漓尽致地表达了出来,从而让译文读者获得与原文读者同等的感受。

由于英汉两种语言在语言习惯和表达方式上存在很大差异,如很多情况下所使用的比喻、借代等方式所表达的内容往往不一致,导致译文形神皆似这一效果十分难以达到。在这种情况下,译者就要舍其形而取其神,不可强求形似而放弃神韵。例如:

Now the morning was late May, the sky was high and clear and the wind blew warm on Robert Jordan's shoulders.

这是五月底的一个早晨,天高气爽,和风吹拂在罗伯特·乔丹的肩上,暖洋洋的。

该例中的译文将 warm 一词单独译出,取得了极佳的效果,这是翻译过程中典型的再创造,译文不仅语言节奏明快、通顺流畅,而且保持了原作的风格,再现了原文中描写的五月早晨的温暖天气。

通常而言,作家的风格主要表现在创作手法、行文习惯以及词语句式的选择上。在翻译时准确的风格对应就在于紧紧抓住原作的语言特征,在目的语中找到与原作风格相似的语言形式界即在目的语汇中找到与原作艺术风格完美对应的语言形式,再现原作的文体风格。例如:

A myriad white gulls frolic with blue water
And a feathery sail drifts with the river
万点白鸥戏碧水,一叶轻帆逐东流。

(黄龙 译)

这是英国一位著名诗人所写的两行诗,黄龙教授根据原作中的既定格律,翻译时同样采用了我国格律诗歌的形式,不仅再现了原作的意境和风格,而且给人以同样的美感享受。

(二)正确理解原文,忠实传达风格

在翻译过程中,再现原作风格并非易事,这对译者提出了很高的要求。首先,译者需要正确理解原文并把握原文神韵;其次,译者要能够充分尊重译入语的语言习惯,忠实传达原作的既有风格。由于不同语言之间在各个层次上都存在着差异,完整传达原作风格的过程中必然有无数障碍,因此译文要尽可能地接近于原作的风格和神韵,尽量反映出原作的艺术个性。例如:

"If you say so," Mace said skeptically. "But from where I'm sitting, you sound more like a salesman than a scientist."

译文1:"你可以这么说,"梅斯不信任地说道:"可在我听来,你与其说像个科学家,不如说像个推销员。"

译文2:"这是你说的,"梅斯的口气充满了怀疑。"不过在我们听起来,你倒是像个生意人,不像个搞科学的。"

该例中,译者首先需要明确的一点是原文是口语化的风格。译文1将more like a salesman than a scientist翻译成了"你与其说像个科学家,不如说像个推销员",这样翻译自然是没有错的,但"与其……不如"这种句型通常出现于书面语中,口语中很少使用,所以译文一较多体现了书卷气,与原作风格上有出入。而针对这一点而言,译文2将其翻译成了"你倒是像个生意人,不像个搞科学的",这样处理就十分得体,体现出了原作的口语化风格。再如:

"I think I could break away from this fellow inside of a year," said Hurstwood. "Nothing will ever come of this arrangement as it's going on now."

"我想,不出一年就和这家伙拆伙,"赫斯渥说,"照现在的经营方式,这个买卖是无利可图的。"

上例中的句子风格是口头语风格,译者在理解原文的基础上把握了原文的口语体语言风格,遣词造句深浅得当,如将break away译作"拆伙",将inside of a year译为"不出一年",将nothing will ever come of this arrangement译作"这个买卖是无利可图的",如此翻译便很好地体现了原文语言的风格和格调。

综上可知,译者想要忠实传达原作的风格,就必须首先正确理解和把握原作的风格。因此,这要求译者的译文在内容上与原作保持一致,在形式上与原文相似,在精神上与原作相模仿,最大限度地传达原作的语言特色、思想特色和艺术特色。只有这样,原作的风格才能通过译文的形神皆似而忠

实地再现出来。

(三)抑制译者风格,再现作者风格

众所周知,作者有自己写作的风格,译者也有自己翻译的风格,但翻译的任务是尽力表现作者的风格,因此译者的翻译风格受到了多方面的限制。

首先,译者要注意原作的艺术氛围和对美学的追求,要收敛起自己个性方面的流露和展现,让自己的个性融入到原作的风格中去。

其次,译者要尽量缩短与作者风格的距离,最好将自己的风格与作者的风格进行较好的协调。

最后,译者风格在翻译过程中或多或少总会在译文的行文习惯中反映出来,译者需要尽量抑制自身的译作风格而全力展现作者的写作风格。

下面通过几个具体实例进行详细说明。

"Pays as he speaks, my dear child—through the nose."

译文1:"报酬正如他说话,我亲爱的孩子——是从鼻子里。"("从鼻里报酬"是一句成语,是肯出大价钱的意思。)

译文2:"他花钱也跟他说话一样,他是说大话,也使大钱的。"

将上述两个译文进行对比可以发现,译文1很明显是逐字进行机械翻译,在风格上看似与原文相符,但译文效果实在难以恭维。而译文2在翻译时很好地把握了原文的口头语风格,同时照顾了两种语言的行文习惯,语言通俗易懂、质朴自然。再如:

A slow breeze caused gentle ripples in the otherwise rob-for-like perfection of the inland sea. The distant melody of a fish man's flute—now a clear, shrill, bird-like note, now a mere whisper—seemed to enhance, rather than

晚风徐徐,吹皱了平静如镜的内海。远处传来渔夫的笛音,时而清脆,时而嘹亮,时而婉转如鸟啼,时而细细如低语。

该例中,译文首先较好地保持了原作的风格,具体生动、形象鲜明的描绘有效地体现了原文的意境,不仅增强了译文的感染力,而且给读者一种身临其境的感觉。此外,译文中运用了汉语的四字格,为译文增加了音韵上的美感,营造出一幅如诗如画的仙境,可以说是翻译的上乘之作,完全领会了原文作者的思想。

综上可知,翻译时应该保存原作神韵,力求形神皆似,再现原作的风格,尽量把接近于原作风格的译文呈献给目的语读者。通常而言,在翻译中把握和体现原作风格可以从以下几个方面着手。

(1) 了解作者的写作风格。具体可通过分析作者的创作思路、时代背景以及创作方法来把握。

(2) 了解作者的语言风格。作者在作品中可以通过用词倾向、修辞方式、语句特点、句子句式、段落章节等语言形式来体现自身风格,译者可通过文章中的诸如此类的细节内容来了解作者的语言风格。

(3) 翻译过程中译者要做到文随其体,体随其人。简而言之,就是说译者要调整自己的风格,使之适应原作的风格,让译文风格同化于作者的艺术风格。

总之,译文风格是由原作的风格来决定的。作家不同,其写作风格便不同,这要求译者在翻译时该雅的不能俗,该俗的不能雅,正如王佐良先生所言,"一切照原作,雅俗如之,深浅如之,口气如之,文体如之"。

第四章 文学文体翻译研究

文学文体是以语言文字为工具,借助各种修辞和表现手法,并以不同的形式抒发情感、传达思想、反映客观现实的艺术。按照"四分法",文学文体分为小说、诗歌、散文和戏剧文学。其中,小说是以刻画人物为中心,通过完整故事情节以及具体生活环境的叙述,生动、形象、深刻地反映社会生活的一种文学体裁。诗歌是通过富有想象、节奏、韵律的语言,高度概括地抒发情感、反映生活的一种文学体裁。散文是一种不讲究韵律、写法不受束缚、体裁宽泛、个性鲜明并且文情并茂的文学体裁。戏剧是仅次于诗歌的一种文学体裁,是通过语言、动作、舞蹈、音乐、木偶等形式达到叙事目的的舞台表演艺术的总称,是一门综合艺术。

对于文学文体的翻译,其重要性是不言而喻的,它可以促进各民族间文化与艺术的交流,加深各民族之间的了解,进而促进各民族文化间的融合。但是,文学文体与其他应用文体有着显著的区别,其文学作品不拘一格,语言具有很强的艺术性。文学文体本身的特点也增加了其翻译的难度。因此,要想准确、忠实、流畅地再现原作品的内容和思想,就需要译者在深刻领会原作的创作心理和审美意识的基础上,着力于语言表达,使译文与原作品文学文体的翻译原则和翻译方法进行深入研究。

第一节 文学文体语言特点研究

文学文体为了达到渲染浓厚的艺术气氛、刻画形象生动的人物形象、深入透彻地展现人物心理等目的,常常会运用各种语言手段和结构。而且,形式各异的文学体裁之间在语言上表现出相同的特点。以下就对文学文体的语言特点进行具体分析。

一、形象生动

文学文体有着明显的形象和生动的特点。文学文体常采用各种语言手段,以使形象塑造更加生动鲜明、栩栩如生,使语言的表情达意效果更加突出。例如:

He was a lovely boy, clad in skeleton leaves and the juices that ooze out of trees but the most entrancing thing about him was that he had all his first teeth. When he saw she was a grown-up, he gnashed the little pearls at her.

他是一个很可爱的男孩,穿着用树叶和树浆做的衣裳。可是他身上最迷人的地方是他还保留了一口乳牙。他一看见达令太太是个大人,就对她呲起满口珍珠般的小牙。

上述一段形象生动的语言描写将一个可爱、纯真、调皮且满口乳牙的小男孩的形象栩栩如生地展现了出来。

二、抒情浓重

文学作品在描绘情境、渲染气氛、抒发情感的时候常会用到浓重的抒情性语言,这样的语言能显著增强作品的感染力。例如:

It is the East, and Juliet is the sun!
Arise, fair sun, and kill the envious moon…

(Shakespeare: Romeo and Juliet)

那就是东方,朱丽叶就是太阳!
起来吧,美丽的太阳!赶走那妒忌的月亮……

(朱生豪 译)

以上是莎士比亚名剧《罗密欧与朱丽叶》中罗密欧的一段台词,这段台词用了极富抒情性的语言,将罗密欧炽热、真挚的情怀以及对朱丽叶的仰慕之情充分地表达了出来。

在各个文学体裁中都会见到抒情性的语言,但在诗歌中最为常见,而且其抒情性特点也最为突出。例如:

The Road Not Taken

—Robert Frost

Two roads diverged in a yellow wood,
And sorry I could not travel both,

And be one traveler, long I stood,
And looked down one as far as I could,
To where it bent in the undergrowth;

Then took the other, as just as fair,
And having perhaps the better claim,
Because it was grassy and wanted wear;
Though as for that the passing there,
Had worn them really about the same;

And both that morning equally lay,
In leaves no step had trodden black.
Oh, I kept the first for another day!
Yet knowing how way leads on to way,
I doubted if I should ever come back.

I shall be telling this with a sigh,
Somewhere ages and ages hence:
Tow roads diverged in a wood, and I—
I took the one less traveled by,
And that has made all the difference.

未选择的路

黄色的树林里分出两条路,
可惜我不能同时去涉足,
我在那路口久久伫立,
我向着一条路极目望去,
直到它消失在丛林深处。

但我却选了另外一条路,
它荒草萋萋,十分幽寂,
显得更诱人,更美丽;
虽然在这两条小路上,
都很少留下旅人的足迹;

虽然那天清晨落叶满地，
两条路都未经脚印污染。
呵，留下一条路等改日再见！
但我知道路径延绵无尽头，
恐怕我难以再回退。

也许多少年后在某个地方，
我将轻声叹息将往事回顾：
一片树林里分出两条路——
我选了人迹更少的一条，
从此决定了我一生的道路。

（顾子欣 译）

通过以上诗句可以看出，抒情性语言的使用可显著提高文章的表现力和感染力，能有效激发读者的情感，使读者产生共鸣。

三、韵律感强

文学作品的语言不仅注重形象性，还极具优美性，而这种优美性就集中体现在语言的韵律和节奏上。其中，诗歌对韵律的要求最为严格，也是最具韵律美的文学体裁。例如：

So smooth, so sweet, so silvery is thy voice,
As could they hear, the Damned would make no noise.
But listen to thee (walking in thy chamber),
Melting melodious words, to Lutes of Araber.

（Robert Herrick: *Upon Julia's Voice*）

上述诗的第一行以 s 来押头韵，这使得该行诗句读来十分流畅，而且极其轻柔。诗句的第四行，以 m 押头韵，加强了诗行的润滑度，从而将诗人的意图清晰地展现出来：Julia 的声音是多么美妙动听。

四、含蓄幽默

通常，文学作品在披露社会现象或评论某人时，很少用直白的语言来表达，而多是采用含蓄的语言，以留给读者足够的空间去思考、想象和回味。例如：

When they entered, they found hanging upon the wall a splendid portrait of their master as they had last seen him, in all the wonder of his exquisite youth and beauty. Lying on the floor was a dead man, in evening dress, with a knife in his heart. He was withered, wrinkled, and loathsome of visage. It was not till they had examined the rings that they recognized who it was.

(Oscar Wilde: *The Picture of Dorian Gray*)

进屋后，他们看到墙上挂着一幅辉煌的画像，画中的主人年轻俊美，风华绝伦，就跟他们最后一次见到他时一样。地上则躺着一个身穿晚礼服的死者，胸口插着一把刀。此人身子枯瘦，满脸皱纹，面目可憎。直到仔细检查了他手上的戒指他们才认出他是谁。

以上是《道林·格雷的画像》一书的结尾部分。可以看出，在上述文字中，作者花了较少的笔墨去描写道林·格雷生前死后相貌上由美到丑的巨变给其他人带来的心灵上的震撼以及由此引发的各种议论，更没有对此发表任何评论，而是采取了一种就事论事的口吻来叙述这一全书的高潮事件。这种含蓄委婉的表达不仅能给读者带来更大的震撼，还能使读者产生丰富的联想，引发读者去思考。

此外，文学作品还常使用幽默的语言，这样可以更好地吸引读者的注意力，让读者感受到作品的思想和情感。例如：

Ted Robinson has been worried all the week. Last Tuesday he received a letter from the local police. In the letter he was asked to call at the station. Ted wondered why he was wanted by the police, but he went to the station yesterday and now he is not worried any more. At the station, he was told by a smiling policeman that his bicycle, which was stolen twenty years ago when Ted was a boy of fifteen, had been found.

(L. G. Alexander: *Quik Work*)

泰德·鲁宾逊焦虑了整整一个星期。上星期二他收到当地警察局的一封信，要他到警察局去一趟。泰德奇怪警察为什么找他，但昨天还是去了，结果他不再担心了。在警察局里，一位面带笑容的警察告诉他，他20年前还是15岁的时候被偷的那辆自行车被找到了。

以上是亚历山大《破案神速》中的一段话。这段话的一开始描写了主人公泰德·鲁宾逊因收到警察局的信而十分不安，结果警察却告知他20年前丢失的自行车找到了，这种情感上强烈的反差以及警察低下的办事效率不禁让人顿感幽默。

五、具有象征性

文学作品也表现出显著的象征性特点。文学作品常使用象征性手法，

通过具体事物的描写表现抽象的意义,通过简单的象征物来传达作品深刻的思想。例如:

... Through one violet-stained window a soft light glowed, where, no doubt, the organist loitered over the keys, making sure of his mastery of the coming Sabbath anthem.

(O. Henry: *The Cop and the Anthem*)

……一丝柔和的灯火从紫罗兰色的玻璃窗里透露出来。无疑,里面的风琴师为了给星期日唱赞美诗伴奏正在反复练习。

(王仲年 译)

上述简单的一句话就包含了两个象征:一个是灯光(a soft light),象征希望或是指引道路的东西;另一个是赞美诗(Sabbath anthem),象征着圣洁、虔诚和上帝的爱。

六、具有讽刺性

文学作品常借助一些讽刺性的语言来揭示一些社会现象。讽刺性的表达往往能取得比直接赞扬和批判更好的效果,还可以使文字更加生动,思想表达更加深入,能留给读者更多的想象空间来回味作品的观点。例如:

"It's no use going to see little Hans in Winter," the miller used to say to his wife. "When people are in trouble we must leave them alone and not bother them. That is my idea of friendship and I am sure I am right. So I shall wait till spring comes, and then I shall visit him and he will give me a large bouquet of prim roses, and that will make him very happy."

"You think so much about others," said his wife. "It's a pleasure to hear what you say about friendship. I am sure the priest himself cannot say such beautiful things as you do, though he lives in a three-storied house, and wears a gold ring on his little finger!"

(Oscar Wilde: *The Devoted Friend*)

"冬天到小汉斯那儿去没用,"磨坊主常常对他的妻子说。"人们有困难的时候,我们不要去搭理他们,不要去打扰他们。这是我对友谊的看法,而且我相信我的看法是正确的。所以我要等到春天来了,再去看他。那时他会给我一大束樱草花,这会使他感到很愉快。"

"你为别人想得真多,"他的妻子说。"听你谈论友谊真是件愉快的事。我相信牧师也不能像你一样讲出这么美丽动听的道理,虽然他们住三层的楼房,小拇指上还戴着金戒指。"

上述是王尔德著名的童话故事《忠实的朋友》中的一段话。文字中并没有一个是关于磨坊主不好的词语,但是通过磨坊主与其妻子之间的谈话就可以明显地感受到磨坊主的冷酷无情以及磨坊主唯利是图的丑恶心灵。

第二节　文学文体翻译原则研究

上述提到,文学作品的表达方式是十分灵活的,但这并不代表其翻译就不用遵循一定的原则。实际上,虽然文学作品的表达方式丰富灵活、体裁多样,但其翻译同其他文体一样也应遵循一定的原则,而且不同体裁的翻译原则是基本一致的。遵循一定的翻译原则,其目的是使文学作品译文更加准确、合理。

准确传达原文的内容是任何翻译都应遵循的原则,文学翻译也是如此,但是文学是一门艺术,其形式与内容是不可分割的有机整体,而且形式本身就是传情达意的方式,所以准确翻译文学作品的形式同准确翻译其内容是一样重要的。例如:

Call me what instrument you will, though you can fret me, yet you cannot play upon me.

无论你把我叫作什么乐器,你也只能撩拨我,不能玩弄我。

(朱生豪 译)

以上出自莎士比亚的《哈姆雷特》中哈姆雷特对吉尔登斯吞说的一句话。⋯⋯

原文中,fret 和 play upon 是含有双关意义的词,fret 既有"使某人烦恼"的意思,也有"以音柱调试乐器"的意思,play upon 既可以指演奏乐器,也可以指利用人或对人施加影响。根据原文的内容和表达方式,译文将两个词语译成了汉语双关,很好地再现了原文的表达风格。

形式对意义表达的重要性在诗歌中表现得更加明显。例如:

Spring

Sound the Flute

Now it's mute.

Birds delight

Day and Night.

Nightingale

In the dale,

Lark in Sky

Merrily

Merrily Merrily to welcome in the Year.

Little Boy

Full of joy.

Little Girl

Sweet and small

Cock does crow,

So do you.

Merry voice,

Infant noice,

Merrily Merrily to welcome in the Year.

Little Lamb,

Here I am,

Come and lick

My white neck.

Let me pull

Your soft Woll.

Let me kiss

Your soft face.

Merrily Merrily we welcome in the Year.

春天

把笛子吹起!

现在它无声无息。

白天和黑夜

鸟儿们欢喜。

有一只夜莺

在山谷深深,

天上的云雀,

满心欢喜,

欢天喜地,迎接新年到。

小小的男孩

无比欢快。

小小的女孩

玲珑可爱。
公鸡喔喔叫,
你也叫声高。
愉快的嗓音,
婴儿的闹声,
欢天喜地,迎接新年到。
小小的羊羔,
这里有我在,
走过来舔舐
我白白的脖子。
你的毛柔软,
让我牵一牵。
你的脸娇嫩,让我吻一吻。
欢天喜地,我们迎接新年到。

可以看出,文学作品的翻译不仅要准确传达原文的内容,还要注重再现原文的形式,只有在神形兼备的情况下才能传神地传达原文的艺术效果。

以上为文学文体翻译的基本原则,但这些原则并不是一成不变的。在具体的翻译实践中,还需根据文学语言的特点以及不同的体裁,再现原文的内容、思想和风格。

第三节 文学文体翻译方法研究

翻译方法的研究对于文学文体的翻译来讲十分重要,因此本节就在了解了文学文体语言特点和翻译原则的基础上,重点介绍一下不同文学体裁的翻译方法。

一、小说的翻译方法

(一)传译人物性格

刻画人物形象、表达人物性格是小说的主要目的,因此在翻译时为了产生与原文同样的表达效果,就要精心选词,选择合适的表达方式,使读者通过译文感受到人物鲜明的形象和性格。例如：

Seated with Stuart and Brent Tarleton in the cool shade of the porch of Tara, her father's plantation, that bright April afternoon of 1861, she made a pretty picture. Her new green flowered-muslin dress spread its twelve yards of billowing material over her hoops and exactly matched the flat-heeled green morocco slippers her father had recently brought her from Atlanta. The dress set off to perfection the seventeen-inch waist, the smallest in three counties, and the tightly fitting basque showed breasts well matured for her sixteen years. But for all the modesty of her spreading skirts, the demureness of hair netted smoothly into a chignon and the quietness of small white hands folded in her lap, her true self was poorly concealed. The green eyes in the carefully sweet face were turbulent, willful, lusty with life, distinctly at variance with her decorous demeanor. Her manners had been imposed upon her by her mother's gentle admonitions and the sterner discipline of her mammy; her eyes were her own.

(Margaret Mitchell: *Gone with the Wind*)

1861年4月里的一天下午，阳光明媚。斯卡利特小姐在她爸爸那个叫作塔拉的庄园里，由塔尔顿家两兄弟，斯图尔特和布伦特陪着，坐在走廊的阴影处，显得颇为妩媚动人。她穿着一身簇新的绿色花布衣服，裙摆展开呈波浪形，脚上配着一双平跟山羊皮鞋，那是她爸爸新近从亚特兰大给她买来的。这身衣服把她只有十七英寸的腰肢——邻近三个县里首屈一指的纤腰——衬托得格外窈窕。一件巴斯克紧身上衣贴着一对隆起的乳房，使这年方十六的妙龄少女，看起来相当丰满成熟。可是不管她那展开的长裙显得多么端庄，她那梳得平整的发髻多么严肃，她那交叠着放在膝盖上的雪白小手多么文静，却还是掩饰不了她的本性。在她可爱而正经的脸容上，那一双绿色的眼睛显得风骚、任性、充满活力，和她那淑静的举止丝毫不能相称。她的仪态是她母亲的谆谆教诲和嬷嬷的严厉管束强加于她的，那双眼睛才真正属于她自己。

上述选自美国小说家玛格丽特·米歇尔的《飘》中的一段话。这段文字主要描绘了女主人公斯嘉丽·奥哈拉(Scarlett O'Hara)的形象与性格。据此可以看出，斯嘉丽·奥哈拉虽然表面上看上去成熟端庄、严肃文静，但她真实的性格却透过她绿色的眼睛展现了出来：turbulent, willful, lusty with life。在准确理解原文内容和思想的基础上，译者准确将主人公的性格特点翻译了出来：风骚、任性、充满活力。

(二) 传译语境

所谓语境,即语言环境,具体是指运用语言进行交际的场合。小说的语境都是特定语言创设的语境,语境转译比语义转译困难得多,有时语义虽然正确,但却并不能切合原作的语境。因此,在翻译时要注意原文的总体语境和个别语境,选用最佳的词语和表达方式,准确再现原文语境。例如:

It was Miss Murdstone who has arrived, and a gloomy looking lady she was; dark, like her brother, whom she greatly resembled in face and voice; and with very heavy eyebrows, nearly meeting over her large nose, as if, being disabled by the wrongs of her sex from wearing whiskers, she had carried them to that account. She brought with her two uncompromising hard black boxes, with her initials on the lids in hard brass nails. When she paid the coachman she took her money out of a hard steel purse, and she kept the purse in a very jail of a bag which hung upon her arm by heavy chains, and shut up like a bite. I had never, at that time, seen such a metallic lady altogether as Miss Murdstone was.

来的不是别人,正是枚得孙小姐。只见这个妇人,满脸肃杀,发肤深色,和她兄弟一样,而且嗓音,也都和她兄弟非常像。两道眉毛非常浓,在大鼻子上面几乎都连到一块儿了,好像因为她是女性,受了冤屈,天生地不能长胡子,所以才把胡子这笔账,转到眉毛的账上了。她带来了两个棱角崚嶒、非常坚硬的大黑箱子,用非常坚硬的铜钉,把她那姓名的字头,在箱子的盖儿上钉出来。她发车钱的时候,她的钱是从一个非常坚硬的钢制钱包儿里拿出来的,而她这个钱包儿,又是装在一个和监狱似的手提包里,用一条粗链子挂在胳膊上,关上的时候像狠狠地咬了一口一样。我长到那个时候,还从来没见过别的妇人,有像枚得孙小姐那样完全如钢似铁的。

(张谷若 译)

以上是狄更斯的长篇小说《大卫·科波菲尔》中的一个片段。这一段话描写了枚得孙的姐姐兼管家初到科波菲尔家时的情况。明显可以看出,作者对这一人物是持否定态度的。根据作者的态度,译者在遣词造句时时刻注意体现作者的观点,再现原文情景。例如,译者将 gloomy looking 译为"满脸肃杀",将 uncompromising 译为"棱角崚嶒"等。

(三) 传译风格

小说的语言丰富多彩,或简单活泼,或辛辣幽默,而这都和小说家的写作风格有着密切的关系。此外,小说的风格也会通过小说的主题、人物形象、故事情节、创作方法等体现出来。因此，在翻译不同小说家的作品时，首先要把握作者的创作个性，其次要了解作者的创作意图和创作方法，同时还要了解作者的世界观、作品的创作情况等，在准确传达原文内容的基础上，忠实地再现原文的艺术风格。例如：

"Let me just stand here a little and look my fill. Dear me! It's a palace—it's just a palace! And in it everything a body could desire, including cosy coal fire and supper standing ready. Henry, it doesn't merely make me realize how rich you are; it makes me realize to the bone, to the marrow, how poor I am—how poor I am, and how miserable, how defeated, routed, annihilated!"

让我在这儿站一会儿吧，我要看个够。好家伙！这简直是个皇宫——地道的皇宫！这里面一个人所能希望得到的，真是应有尽有，包括惬意的炉火，还有现成的晚饭。亨利，这不仅只叫我明白你有多么阔气，还叫我深入骨髓地看到我自己穷到了什么地步——我多么穷，多么倒霉，多么泄气，多么走投无路，真是一败涂地！

上述是马克·吐温的《百万英镑》中的一段话。通过该段文字明显可以看出马克·吐温的轻松幽默的语言风格。在翻译时译者也准确把握了作者的语言特点，采用与之相对应的口语化语言，充分再现了原文的艺术效果。

二、诗歌的翻译方法

(一) 形式翻译

相较于其他文学体裁，诗歌更加注重形式，而且具有韵律美，所以为了忠实地还原原文信息，译者在翻译时常采用形式翻译。这种翻译方法注重诗歌的形式，强调诗歌的学术价值，常努力避免外来成分的介入，如社会、历史、文化等。例如：

Farewell, Sweet Grove

—George Wither

Farewell,
Sweet groves to you;
You hills, that highest dwell,
And all you humble vales, adieu.
You wanton brooks and solitary rocks,
My dear companions all, and you, my tender flocks!

Farewell,my pipe,and all those pleasing songs,whose moving strains
Delighted once the fairest nymphs that dance upon the plains;
You discontents,whose deep and over-deadly smart,
Have,without pity,broke the truest heart;
That east did with me dwell,
And all other's joy
Farewell!

Adieu,
Fair shepherdesses;
Let garlands of sad yew
Adorn your dainty golden tresses
I,that loved you,and often with my quill
Made music that delighted fountain,grove,and hill:
I,whom you loved so,and with a sweet and chaste embrace.
(Tea,with a thousand rarer favours)would vouchsafe to grace,
I,now must leave you all alone,of love to plain;
And never pipe,nor never sing again.
I must,for evermore,be gone.
And therefore bid I you
And every one,
Adieu.

哦再见，可爱的林木
哦再见，
可爱的林木，
高高耸立的山峦；
再见吧一切低幽山谷，
凄清山岩，蜿蜒曲折的溪流，
我的温驯羊群和所有亲密朋友！
再见吧我的芦笛，我的美妙动人的乐曲，
它们曾使舞在田间的绝色女郎欢愉；
不满足呀你的打击最重最致命，
无情地碾碎最最真挚的心；
可我要对别人的得意，
终日伴我的悲叹、

　　　　　眼泪和愁绪
　　　　说再见。

　　　　哦再见,
　　　　牧羊的娇娃;
　　　　悲哀的紫杉枝环
　　　将会装点你娇美金发。
　　　爱过你的我常用羽笔写歌,
　　　让这些树丛这些山山水水欢乐;
　　你也恋过我,你的拥抱纯洁而又甜蜜。
　　对,我原会答应给你千百种深情厚谊,
　　　如今却得让你为失去爱而忧伤;
　　　我将永远不再吹笛不再唱,
　　　　而且已决心一去不回,
　　　　　所以我来见你面,
　　　　　也向每一位
　　　　　说再见。

可以看出,上述译文严格按照原文的形式进行了翻译,这种翻译形式充分地展现了原文的形式美。

(二)阐释性翻译

阐释性翻译也是一种常见的翻译诗歌的方法。它是在保留原诗的意境美和音韵美的基础上,尽可能地保留原诗的形式美。这种翻译方法追求诗歌的文学价值,是一种运用较普遍的方法。例如:

Ode to The West Wind

—Percy B. Shelley

O wild West Wind, thou breath of Autumn's being,
Thou, from whose unseen presence the leaves dead
Are driven, like ghosts from an enchanter fleeing,
Yellow, and black, and pale, and hectic red,
Pestilence-stricken multitudes: O thou,
Who chariotest to their dark wintry bed
The winged seeds, where they lie cold and low,
Each like a corpse within its grave, until
Thine azure sister of the Spring shall blow

Her clarion o'er the dreaming earth, and fill
(Driving sweet buds like flocks to feed in air)
With living hues and odors plain and hill:
Wild Spirit, which art moving everywhere;
Destroyer and preserver, hear, oh, hear!

西风颂

呵,狂野的西风,你把秋气猛吹,
不露脸便将落叶一扫而空,
犹如法师赶走了群鬼,
赶走那黄绿红黑紫的一群,
那些染上了瘟疫的魔怪——
呵,你让种子长翅腾空,
又落在冰冷的土壤里深埋,
像尸体躺在坟墓,但一朝
你那青色的东风妹妹回来,
为沉睡的大地吹响银号,
驱使羊群般的蓓蕾把大气猛喝,
就吹出遍野嫩色,处处香飘。
狂野的精灵!你吹遍了大地山河,
破坏者,保护者,听吧——听我的歌!

(王佐良 译)

西风颂

哦,犷野的西风,秋之实体的气息!
由于你无形无影的出现,万木萧疏,
似鬼魅逃避驱魔巫师,蔫黄、魆黑、
苍白、潮红,疫疠摧残的落叶无数,
四散飘舞;哦,你又把有翅的种籽
凌空运送到他们黑暗的越冬床圃;
仿佛是一具具僵卧在坟墓里的尸体,
他们将分别蛰伏,冷落而又凄凉,
直到阳春你蔚蓝的姐妹向梦中的大地
吹响她嘹亮的号角(如同牧放群羊,
驱送香甜的花蕾到空气中觅食就饮)

给高山平原注满生命的色彩和芬芳。
不羁的精灵,你啊,你到处运行;
你破坏,你也保存,听,哦,听!

(江枫 译)

咏寄西风

啊,狂放的西风,你秋天的生命,
你,自你忘形的来临,枯叶飞飘,
有如鬼魂自一法师之前逃遁,
黄的、黑的、苍白的、瘵红的、惨遭
疫疠蹂躏的一堆堆:啊你西风,
你用飞车将带翅的种子运到
他们阴暗的冬床去蛰伏冷藏,
一粒粒像尸体分躺在坟墓里,
等春天你那浅蓝的姐姐下降
将她的号角吹遍梦中大地,
缀满山野以生动的色彩芳馨
(驱饲香蕾于苍空如驱饲鸟儿);
狂放的精灵啊,你无处不漫行;
毁灭者兼保藏者啊:听,啊,你听!

(施颖洲 译)

以上三位译者都采用了阐释性翻译法对原文进行了翻译,虽然译文略有不同,但是都展现了原诗的意境美、音韵美和形式美。

(三) 调整翻译

所谓调整翻译,就是为了准确传达原文内容思想,使译文符合译入语的表达习惯,在直译的基础上进行一些必要的调整。调整翻译是介乎形式翻译和阐释性翻译之间的一种翻译方法。例如:

A Red, Red Rose

—Robert Burns

O, my lure's like a red, red rose,
That's newly sprung in June;
O, my lure's like the melodic
That's sweetly play'd in tune.

As fair art thou, my bonnie/ass,
So deep in luve am I,
And I will luve thee still, my dear,
Till a'the seas gang dry.

Till a'the seas gang dry, my dear,
And the rocks melt wi'the sun!
And I will lure thee still, my dear,
While the sands o'life shall run.

And fare thee weel, my only lure,
And fare thee weel, a while!
And I will come again, my lure,
Tho'it were ten thousand mile!

红玫瑰

吾爱吾爱玫瑰红,
六月初开韵晓风;
吾爱吾爱如管弦,
其声修扬而玲珑。
吾爱吾爱美而殊,
我心爱你永不渝,
我心爱你永不渝,
直到四海海水枯;
直到四海海水枯,
岩石融化变成泥,
只要我还有口气,
我心爱你永不渝。
暂时告别我心肝,
请你不要把心耽!
纵使相隔十万里,
踏穿地皮也要还!

(郭沫若 译)

我的爱人像朵红红的玫瑰

呵,我的爱人像朵红红的玫瑰,
六月里迎风初开;
呵,我的爱人像支甜甜的曲子,
奏得合拍又和谐。
我的好姑娘,多么美丽的人儿!
请看我,那么深挚的爱情!
亲爱的,我永远爱你。
纵使大海干涸水流尽。
纵使大海干涸水流尽,
太阳将岩石烧作灰尘,
亲爱的,我永远爱你,
只要我一息犹存。
珍重吧,我唯一的爱人,
珍重吧,让我们暂时别离,
但我定要回来,
哪怕千里万里!

(王佐良 译)

上述两个译文都对原文进行了调整翻译,虽然风格略有不同,但都准确传达了原文内容,而且符合汉语的表达习惯。

三、散文的翻译方法

就文体而言,散文分为正式散文文体和非正式散文文体。正式散文用词严谨,态度客观,风格凝重,逻辑性强。非正式散文语言浅显,轻松自然,生动幽默。

就写作目的和手法而言,散文大致可分为描写文、记叙文、说明文、议论文四类。以下就针对这四类散文的翻译进行具体分析。

(一)描写文

描写文分景物描写文、事物描写文和人物描写文等。写景是为了营造气氛,衬托心境,抒发情怀;写物是为了托物言志,寄托志趣;写人是树立人的形象,表达对生活的感受和认识。描写文有着极强的抒情性、形象性和情感性,而且语言清新流畅,富有诗意。因此,在翻译描写文时,译者首先要抓住作者的写作风格和写作意图,并注意词语的选用,尽量使译文语言清新生

第四章　文学文体翻译研究

动,具有与原文一样的表达效果。例如:

He was an undersized little man, with a head too big for his body—a sickly little man. His nerves were bad. He had skin trouble. It was agony for him to wear anything next to his skin coarser than silk. And he had delusions of grandeur.

He was a monster of conceit. Never for one minute did he look at the world or at people, except in relation to himself. He was not only the most important person in the world, to himself; in his own eyes he was the only person who existed. He believed himself to be one of the greatest dramatists in the world, one of the greatest thinkers, and one of the greatest composers. To hear his talk, he was Shakespeare and Beethoven, and Plato, rolled into one. And you would have had no difficulty in hearing his talk. He was one of the most exhausting conversationalists that ever lived. An evening with him was an evening spent in listening to monologue. Sometimes he was brilliant; sometimes he was maddeningly tiresome. But whether he was being brilliant or dull, he had one sole topic of conversation: himself. What he thought and what he did.

(Deems Taylor: *The Monster*)

他身材矮小,头很大,和身体明显不相称,一种病态的体形。他的神经发育不良。皮肤也有病。若穿比光滑的丝绸粗糙一点的内衣就会感到疼痛。然而他却雄心勃勃。

他很自负。从来都是按自己的观点来看待他人,看待世界。他把自己看作伟人,而且在他的眼里他是唯一的。他把自己看作世界上最伟大的戏剧家、思想家和作曲家中的一员。听他说起来,他就是莎士比亚、贝多芬和柏拉图的合成体。想听他说话并不难。他可是个能说会道的人,说起话来没完没了。要是和他一起呆一晚,你就听他说吧,没你插话的份。有时让你感到他才华横溢,有时却让你感到无聊至极。但无论怎样,话题只有一个——谈的总是他自己——谈他是怎么想的,怎么做的。

上述是选自蒂姆斯·泰勒的《怪人》中的两段话。原文作者从形体到思想行为,形象生动地展现了一个怪人的个性特点。译者也在把握原文作者写作目的和风格的基础上,采用清新明快的语言,将原文人物"怪"的特点传神地描绘了出来。

(二)记叙文

记叙文主要是叙述作者亲身经历或者听到、读到的故事传说、奇闻轶事,其目的是向读者表达自己的体验,引导读者感受其中的意义。在翻译记叙文时,要注重作者的文风,注意作者所采用的词汇、句子以及独特的语调等,最大限度地展现原作的风韵。例如:

  In a little place called Le Monastier, in a pleasant highland valley fifteen miles from Le Puy, I spent about a month of fine days. Monastier is notable for the making of lace, for drunkenness, for freedom of language, and for unparalleled political dissension. There are adherents of each of the four French parties—Legitimists, Orleanists, Imperialists, and Republicans in this little mountain-town; and they all hate, loathe, decry, and calumniate each other. Except for business purposes, or to give each other the lie in a tavern brawl, they have laid aside even the civility of speech. 'Tis a mere mountain Poland. In the midst of this Babylon I found myself a rallying point; every one was anxious to be kind and helpful to the stranger. This was not merely from the natural hospitality of mountain people, nor even from the surprise with which I was regarded as a man living of his own free will in Le Monastier, when he might just as well have lived anywhere else in this big world; it arose a good deal from my projected excursion southward through the Cevennes. A traveler of my sort was a thing hitherto unheard of in that district. I was looked upon with contempt, like a man who should project a journey to the moon, but yet with a respectful interest, like one setting forth for the inclement Pole. All were ready to help in my preparations; a crowd of sympathizers supported me at the critical moment of a bargain; not a step was taken but was heralded by glasses round and celebrated by a dinner or a breakfast.

  在位于中央山脉15英里之外的风景宜人的高原山谷中,有一个名叫蒙纳斯梯尔的小地方。我在那里消磨了大约一个月的晴朗日子。蒙纳斯梯尔以生产花边、酗酒无度、口无遮拦和空前绝后的政治纷争而闻名于世。在这个山区小镇里,法国的四大政党——正统派、奥尔良党、帝制党与共和党——都各有党徒。他们相互仇恨、厌恶、攻击、诽谤。除了谈生意,或者在酒馆的口角中互相指责对方说谎之外,他们说起话来一点不讲文明。这里简直是个山里的波兰。在这个巴比伦似的文明之都,我却成了一个团结的中心。所有人都急切地想对我这个陌生人表示友善,愿意帮忙。这倒不仅是出于山区人民的天然好客精神,也不是因为大家惊奇地把我看成是一个本可以住在这一大千世界的任何一个地方,却偏偏自愿选中蒙纳斯梯尔的人。这在很大程度上是因为我计划好了要向南穿过塞文山脉旅行。像我这样的旅行家在全区内简直是一个从未听说过的怪物。大家都对我不屑一顾,好像一个人计划要到月球旅行似的,不过又带有一丝敬重和兴趣,就像我是一个将出发到严寒的北极去冒险的人。大家都愿意帮助我做各种准备;在讨价还价的关键时刻,一大群同情者都支持我。在采取任何步骤之前都要先喝一顿酒,完了之后还要吃一顿晚饭或早饭。

以上是史蒂文森(Robert Louis Stevenson)的《牵驴旅行》(*Travels with a Donkey*)中的一段文字。这是一篇典型的叙事性散文。作者采用幽默、讽刺的笔调叙述了自己的一段亲身经历,反映了自己对世界、对人生以及对政治的看法。而译者在翻译时也紧抓原文的行文特点,有意识地传达出了作者轻松幽默的笔调以及玩世不恭的风格。例如,在原文"Monastier is notable for the making of lace, for drunkenness, for freedom of Language, and for unparalleled political dissension."这句话中,作者故意将不相关的四个方面放在一起,给人一种幽默滑稽的印象,而译文则采用了与原文相平行的结构,将这句话译为"蒙纳斯梯尔以生产花边、酗酒无度、口无遮拦和空前绝后的政治纷争而闻名",准确地表达了原文的内容与风格。

(三)说明文

说明文是对事物的发生、发展、结果、特征、性质、状态、功能等进行解释、介绍、阐述的一种文章。说明文一般用词精确,结构严谨,态度客观,而这也是翻译时所应注意的问题。此外,说明文中常富含一些具有哲理性的警句,这些警句是说明文的精华,同时也是翻译的难点。因此,在翻译时要准确理解,仔细推敲,最大限度地做到与原作在内容与神韵上的等值。例如:

Hence it is that it is almost a definition of a gentleman to say he is one who never inflicts pain. This description is both refined and, as far as it goes, accurate. He is mainly occupied in merely removing the obstacles which hinder the free and unembarrassed action of those about him; and he concurs with their movements rather than takes the initiative himself. His benefits may be considered as parallel to what are called comforts or conveniences in arrangements of a personal nature; like an easy chair or a good fire, which do their part in dispelling cold and fatigue, though nature provides both means of rest and animal heat without them. The true gentleman in like manner carefully avoids whatever may cause a jar or a jolt in the minds of those with whom he is cast—all clashing of opinion, or collision of feeling, all restraint, or suspicion, or gloom, or resentment, his great concern being to make every one at their ease and at home. He has his eyes on all his company; he is tender towards the bashful, gentle towards the distant, and merciful towards the absurd; he can recollect to whom he is speaking; he guards against unseasonable allusions, or topics which may irritate; he is seldom prominent in conversation, and never wearisome. He makes light of favors while he does them, and seems to be receiving when he is conferring. He never speaks of himself except when compelled, never defends himself by a mere retort; he has no ears for slander or gossip, is scrupulous in imputing motives to those who interfere with him, and interprets everything for the best. He is never mean or little in his disputes, never takes unfair advantage, never mistakes personalities or sharp sayings for arguments, or insinuates evil which he dare not say out.

　　如把绅士说成是一个从不伤害别人的人，这大概就是绅士的定义。这种说法既精练，本身也准确。他主要关心的事在于排除妨害周围人自由自在行动的障碍。他支持别人的行为，自己却不采取主动。大家认为他的长处就像是一张安乐椅或一堆温暖的火，为个人提供了舒适和方便的安排，起到驱除寒冷和疲乏的作用，尽管没有椅子和火堆，大自然也给了人以休息的手段和人体本身的热量。同样，真正的绅士也会小心翼翼地避免在一起相处的人心中引起不快或抵触。例如，意见的冲突，感情的不和，压抑，疑惑，忧郁或愤恨等。他十分关注于让大家都感到心情舒畅，无拘无束。他留意所有的同伴，对羞怯的人温柔体贴，对疏远的人和蔼可亲，对荒唐的人宽宏大度。他能记得在对谁说话，随时警惕不做不恰当的暗示，也不谈令人生气的话题。在谈话中他很少显示自己，但也从不令人生厌。他帮别人的忙毫不在意，倒像别人在帮他的忙。除非被迫，否则他从不谈及自己，也从不反唇相讥来为自己辩护。他不听诽谤和闲话。有人妨害了他，他总谨慎对待，不去怪罪他们，而从最好的方面来解释一切。他在争论中从不偏狭小气，从不利用不公平的优势，从不把人身攻击或尖锐言词错当成辩论，也从不含沙射影地暗示他不敢说出的坏话。

　　上述是约翰·亨利·纽曼主教(John Henry Newman)的《绅士的界说》(Definition of a Gentleman)中的一段话，也是一片典型的说明文。首先，文章给绅士下了一个简短、精练、不同凡响的定义，然后又从各个不同的方面来列举其表现。而译者也从这一角度出发，在正确理解原文词语和句子的基础上，准确传达了原文的思想。例如，"he concurs with…initiative himself"一句中 concurs with their movements 和 takes initiative 是一相对的短语，表明了两种不同的态度。译文将其译为了"支持别人的行为，自己却不采取主动",将原文对立的含义准确地表达了出来。

(四)议论文

在议论文中,作者通常采用客观的态度对某件事或某个问题发表自己的见解和品论,表达自己的立场和观点。议论文也有着鲜明的特点,其用词讲究,风格凝重,说理透彻,有时为了增添文章的说服力,作者常一方面用逻辑推理性的方法来诉诸读者的理性和智力,另一方面也用打动人心的论点来诉诸读者的知觉与情感。这些特点都是在翻译时应注意的问题。因此,在翻译议论文时,要遵循精练、严谨、准确的原则,同时也要注意文字所包含的情感因素,以使译文能触动读者的心灵。例如:

Some old people are oppressed by the fear of death. In the young there is a justification for this feeling. Young men who have reason to fear that they will be killed in battle may justifiably feel bitter in the thought that they have been cheated of the best things that life has to offer. But in an old man who has known human joys and sorrows, and has achieved whatever work it was in him to do, the fear of death is somewhat abject and ignoble. The best way to overcome it—so at least it seems to me—is to make your interests gradually wider and more impersonal, until bit by bit the walls of the ego recede, and your life becomes increasingly merged in the universal life. An individual human existence should be like a river—small at first, narrowly contained within its banks, and rushing passionately past boulders and over waterfalls. Gradually the river grows wider, the banks recede, the waters flow more quietly, and in the end, without any visible break, they become merged in the sea, and painlessly lose their individual being. The man who, in old age, can see his life in this way, will not suffer from the fear of death, since the things he cares for will continue. And if, with the decay of vitality, weariness increases, the thought of rest will be not unwelcome. I should wish to die while still at work, knowing that others will carry on what I can no longer do, and content in the thought that what was possible has been done.

死亡的恐惧压在一些老人心上。其实青年有这种感觉还情有可原。有理由害怕在战争中阵亡的年轻人想到生活提供给他们最好东西被骗走时感到痛苦是无可非议的。但是尝过人生的欢乐和痛苦、完成了力所能及的任务的老人恐惧死亡就有些可悲可鄙了。至少在我看来,最好的克服办法是让你的兴趣逐渐扩大,更加超越个人圈子,直到自我围墙一点一点萎缩,自己的生命日益溶入宇宙的生命之中为止。个人的存在应该像一条河,开始很小,狭窄地局限在两岸之间,急促地奔腾,流过巨石,越过瀑布。河面渐渐变宽,两岸后移,水流更为平静,最终滔滔不绝地汇入大海之中,毫无痛楚地失去了个体的存在。人在老年时能这样看待自己的生活,就不会遭受死亡恐惧的折磨,因为他所喜爱的事物仍会继续下去。如果随着精力的衰退,疲惫日增,那么想到安息也就不会觉得不快了。我希望在工作中死去。知道别人会继续我未竟的事业,再想到我已竭尽了所能,也就感到心满意足了。

上述议论文主要针对老年人对死亡的恐惧心理从不同角度进行了分析和讨论,并在最后发表了看法和感受。整篇文章不仅说理透彻,而且采用了贴切的比喻和个人的心愿来打动读者的感情。文笔生动形象,亲切感人。据此,译者十分重视译文的遣词造句,如将"An individual human existence … their individual being."这两句译成了"个人的存在应该像一条河,开始很小,狭窄地局限在两岸之间,急促地奔腾,流过巨石,越过瀑布。河面渐渐变宽,两岸后移,水流更为平静,最终滔滔不绝地汇入大海之中,毫无痛楚地失去了个体的存在"。这样的译文用词生动,表达优美,准确地再现了原文的语言风格。

四、戏剧的翻译方法

戏剧是一种综合的舞台艺术,在这种艺术形式中,戏剧语言占据着特殊的地位。因此,这里重点对戏剧语言进行研究。戏剧语言多来自生活,具有口语化的特点,保持着日常口语的活力与通俗,同时戏剧语言也是日常语言的加工提炼,具有审美情趣。总体而言,戏剧语言有着性格化、动作性、含蓄性和优美性的特点。在翻译的时候,要特别注意戏剧的这些语言特点,并根据这些特点来充分展现戏剧中人物的性格特点。例如:

Portia: A pound of that same merchant's flesh is thine:
The court awards it, and the law doth give it.
Shylock: Most rightful judge!
Portia: And you must cut this flesh from off his breast:
The law allows it, and the court awards it.
Shylock: Most learned judge! A sentence! Come, prepare!
Portia: Tarry a little; there is something else.
This bond doth give thee here no jot of blood;
The words expressly are a "pound of flesh";

Take then thy bond, take thou thy pound of flesh;
But, in the cutting it, if thou dost shed
One drop of Christian blood, thy lands and goods
Are, by the laws of Venice, confiscate
Unto the state of Venice.
Gratiano: O upright judge! Mark, Jew! O learned judge!
Shylock: Is that the law?
Portia: Thyself shalt see the act;
For, as thou urgest justice, be assur'd
Thou shalt have justice, more than thou desir'st.
Gratiano: O learned judge! Mark, Jew: A learned judge!
Shylock: I take this offer, then; pay the bond thrice,
And let the Christian go.
Bassanio: Here is the money.
Portia: Soft! The Jew shall have all justice; soft! no haste:—
He shall have nothing but the penalty.
Gratiano: O Jew! an upright judge, a learned judge!
Portia: Therefore prepare thee to cut off the flesh.
Shed thou no blood; nor cut thou less, nor more,
But just a pound of flesh: if thou tak'st more,
Or less, than a just pound, be it so much
As makes it light or heavy in the substance,
Or the division of the twentieth part
Of one poor scruple, nay, if the scale do turn
But in the estimation of a hair,
Thu diest and all thy goods are confiscate.

(William Shakespeare: *The Merchant of Venice*)

鲍西娅:那商人身上的一磅肉是你的;法庭判给你,法律许可你。

夏洛克:公平正直的法官!

鲍西娅:你必须从他的胸前割下这磅肉来;法律许可你,法庭判给你。

夏洛克:博学多才的法官! 判得好! 来,预备!

鲍西娅:且慢,还有别的话哩。这契约上并没有允许你取他的一滴血,只是写明着"一磅肉";所以你可以照约拿一磅肉去,可是在割肉的时候,要是流下一滴基督徒的血,你的土地财产,按照威尼斯的法律,就要全部充公。

葛莱西安诺:啊,公平正直的法官! 听着,犹太人;啊,博学多才的法官!

夏洛克:法律上是这样说吗?

鲍西娅:你自己可以去查查明白。既然你要求公道,我就给你公道,而且比你所要求的更公道。

葛莱西安诺:啊,博学多才的法官!听着,犹太人;好一个博学多才的法官!

夏洛克:那么我愿意接受还款;照契约上的数目三倍还我,放了那基督徒。

巴萨尼奥:钱在这儿。

鲍西娅:别忙!这犹太人必须得到绝对的公道。别忙!他除了照约处罚以外,不能接受其他的赔偿。

葛莱西安诺:啊,犹太人!一个公平正直的法官,一个博学多才的法官!

鲍西娅:所以你准备着动手割肉吧。不准流一滴血,也不准割得超过或是不足一磅的重量;要是你割下来的肉,比一磅略微轻一点或是重一点,即使相差只有一丝一毫,或者仅仅一根汗毛之微,就要把你抵命,你的财产全部充公。

(朱生豪 译)

以上是莎士比亚的喜剧《威尼斯商人》中的第四幕,发生在法庭上的一场高潮戏。在这一幕中,作者通过生动的语言,充分展现了夏洛克的残忍、鲍西娅的机智和安东尼奥的忠实。译者根据原文的语言特点和人物性格,充分再现了原作的艺术效果。例如,译者将原作中鲍西娅所说的第一句话译为"那商人身上的一磅肉是你的;法庭判给你,法律许可你"。将她接着说的话又译为"你必须从他的胸前割下这磅肉来;法律许可你,法庭判给你"。不仅意思明确,语言工整,而且原文的深刻含义在译文中也展露无遗。

第五章 新闻文体翻译研究

新闻的最主要目的是传播信息,力求使广大新闻受众能够省时省力地看懂新闻。由于英语新闻的语言具有较强的专业特色,其翻译也有很强的技巧性。本章首先介绍新闻文体的语言特点,在了解其特点后分析其翻译原则,最后对其翻译方法进行研究。

第一节 新闻文体语言特点研究

一、词汇特点

(一)使用缩写词

所谓缩写词,即将某个词或词组中各个词的第一个字母大写并拼在一起,以此替代原来的词或词组。例如:

APEC(Asia Pacific Economic Cooperation)亚太经贸合作组织(简称亚太经合组织)
FBI(Federal Bureau of Investigation)联邦调查局
FIFA(Federation International de Football Association)国际足球联盟
IOC(International Olympic Committee)国际奥林匹克委员会
NBA(National Basketball Association)美国职业篮球联赛
UN(United Nations)联合国
VOA(Voice of America)美国之音
WTO(World Trade Organization)世界贸易组织

(二)使用新造词

由于社会的进步,许多新事物和新情况不断出现,使得原本的旧词不再能适应新的需要。这种情况下,一些新的表达方式、新的词汇也就随之应运而生。例如:

pink collar 粉领,尤指从事教师、秘书、护士、营业员等工作的女性
bachelor mother 未婚母亲;单身母亲
news blackout 新闻封锁
op art 视幻艺术
material progress 物质文明
contract marriage 协议试婚
microblog 微博
surfing 冲浪运动
think tank 智囊团
value-added tax 增值税

(三)使用节缩词

在新闻标题中,经常会用到一些节缩词。例如:
EU warns nuke arms spread
欧盟警告核武扩散(EU=European Union 欧盟,nuke=nuclear 核武器)
常见的节缩词的方式主要有如下四种。

(1)首尾截除法,如 influenza→flu(流行性感冒),refrigerator→fridge(冰箱)等。

(2)截头留尾法,如 parachute→chute(降落伞),helicopter→copter(直升机)等。

(3)留头截尾法,如 celebrity→celeb(名人),improvisation→impro(即兴表演)等。

(4)截除词腰法,如 committee→C'tee(委员会),commercial→coml(商业的;广告)等。

下面列举一些常见的节缩词。
Aussie=Australian(澳大利亚的)
champ=champion(冠军)
chute=parachute(降落伞)
deli=delicatessen(熟食)
expo=exposition(博览会)

lib=liberation(解放)
pro=professional(专业的、职业的)
rep=representative(代表)
sec=secretary(秘书)
tech=technology(技术)

(四)使用外来词

英语新闻报刊词汇有一个很明显的特点,就是在报道中经常会掺用外来语,尤其当提及外国的或新近出现的事物时,为吸引公众的眼球或者是为了更加准确地表达某词语的含义,记者经常会使用一些外来语。随着时间的推移和使用频率的增多,这些外来语最终就完全英语化了,印刷时也不再突出显示。例如:

No matter what his personal eccentricities, the films starring this kungfu master have made a lucrative hit in Hong Kong and Taiwan, and it's now rock-"n"-rolling its way to new audience round the mainland. (kungfu [汉语]功夫)

当然,也存在一些使用时间或者使用次数较少的外来词,尚未完全英语化,因而在书写形式上有时仍用斜体字标出。例如:

The document said that the defeat of the *coup* had created "historic chance to speed up reform and renovation" and proposed that an *a la carte* Union Treaty which would allow each republic to choose its terms replace the existing draft of the Union Treaty. (coup: [法语]政变; a la carte: [法语]原意"按菜单点菜",此处喻指"自由选择条件")

下面是英语新闻中一些常见的外来词汇。

blitz 闪电似的动作(德语)
karate 空手道(日语)
laissez-faire 自由主义(法语)
percent 百分比(拉丁语)
sumo 相扑(日语)
tai chi chuan 太极拳(汉语)
visa 签证(法语)

(五)使用简短词

新闻中还经常使用很多简短词汇。简短词汇短小有力、形象生动,不仅可以使新闻简明扼要,而且还可以增加文章的可读性,因此在新闻文体中经常会被用到。例如：

Bali summit talks seek 2009 deal

巴厘岛峰会寻求2009年（抵制全球温室效应的）谈判

（不用 negotiate 而用 seek）

Quake death toll may top 2,000

地震死亡人数估计已超过两千

（为求简练，标题没有表述为 Quake death number may be over 2,000）

再如，在表达"放弃"时，常用 give up,quit,skip 等词来代替 abandon。在表达"破坏"时，常用 hit,hurt,wreck,ruin 等词来代替 damage。下面是一些常用的英语新闻简短词。

ace＝champion（得胜者）

blast＝explosion（爆炸）

crash＝collision（碰撞；坠毁）

deal＝agreement/transaction（协议/交易）

fake＝counterfeit（赝品；骗局）

probe＝investigation（调查）

rift＝separation（隔离；分离）

（六）使用新闻词

在新闻报道中，经常会用到一些很普通的词汇来表达某种特殊的含义。随着使用次数的增加，这些词便逐渐获得了与新闻相关的特殊意义，最后便形成了现在有特殊意义的新闻词汇。新闻词汇的特点是简洁生动且词义宽泛。例如：

arms 武器

bid 试图；努力

clash 冲突；争议

flay 批评；指责

head 率领；带领

pact 协议；条约

rap 抨击；批评

为了吸引读者的注意力，新闻报道中时常会用 war 来表达某些比赛、冲突、争端、辩论、行动等。例如：

trade war 贸易战

spy war 间谍战

price war 价格战

a war of words 舌战

在体育新闻报道中，经常会使用一些意思较为相近的军事术语，其目的就是使新闻能生动易懂或者引起读者的情感联想。例如：

abortion＝failure
cream-puff policy＝weak policy
divorce＝breakup of relationship
honeymoon＝initial co-operation
low gear＝low efficiency
muscle flexing＝show of force
sexy＝attractive
sky rocket＝increase sharply and suddenly

此外，新闻词汇同其他专业词汇一样也有一些惯用的表达。例如：

allege＝declare
bid＝attempt
boost＝increase
voice＝express
deal＝business agreement

二、句法特点

（一）使用倒装句

新闻英语中还会常常使用倒装句，目的是使句式富于变化，从而使内容显得更加真实生动，易于吸引读者的注意力。试比较以下两组句子，以深刻体会倒装句在使用上的巧妙之处。

Warned Norman W. Philcox, president of the Society of Former Agents of the FBI, "I think it would probably have a deleterious effect on agents by making overcautious in their investigations."（倒装语序）

Norman W. Philcox, president of the Society of Former Agents of the FBI warned, "I think it would probably have a deleterious effect on agents by making overcautious in their investigations."（正常语序）

Says Dairy Reading of Gowrie: "It makes you mad. We are good at what we do, but we can't make a living yet."（倒装语序）

Dairy Reading of Gowrie says, "It makes you mad. We are good at what we do, but we can't make a living yet."（正常语序）

(二)使用被动句

被动句的特点就是能够突出重点,吸引注意力。因此,新闻英语中经常频繁地使用被动句,尤其是在政治新闻、军事新闻中十分常见。通常情况下,被动句主要适用于以下三种情况。

(1)强调动作接受者。在新闻报道中,如果动作的接受者比施动者更为重要(如报道灾难、事故中的死伤人员,犯罪案件中的受害者等),记者就会更倾向于使用被动语句。例如:

They had been accused by the Taliban of preaching Christianity, a serious offense under the regime's Islamic rule. They had been held since August 3.

On Tuesday morning the eight-six women and two men were removed from the container and placed in a jail in Ghazni, about 70km from Kabul.

塔利班指控他们宣传基督教,根据当地伊斯兰法律,那属严重违法。8月3日以后,他们一直被关押在监狱里。

星期二上午,这8个人(6女2男)被从集装箱里转移出来,关进了距喀布尔70公里的伽孜尼监狱。

(2)回避动作实施者。说话人如果想要回避动作的实施者,也可能会采用被动语句。例如:

In a widely broadcast footage, soldiers were seen dragging two women and a three-year-old girl out from just inside the compound gate.

从一部广为播放的新闻片中,人们看到士兵正把两名妇女和一个3岁的女童从领馆的院门内拽出来。

(3)联系上下文。有时记者也会借助被动语句来使上下文联系更加紧密。例如:

Whether we bring our enemies to justice or bring justice to our enemies, justice will be done.

"For every regime that sponsors terror, there is a price to be paid, and it will be paid," Mr. Bush said.

或者让敌人接受正义的审判,或者令敌人服从于正义,正义都必须得以伸张。

布什先生说:"任何一个支持恐怖主义的政权,都要付出代价,这个代价一定要偿还。"

(三)使用省略句

新闻英语中,为了节省篇幅,经常会使用到省略句,只保留主要成分,而把句中可省略的语言成分全部略去。因此,省略对于新闻英语而言同样重要。例如:

Three Gorges Flooded by "Farewell" Tourists.

惜别之情难挡游客蜂拥至三峡

(Three 前省略了冠词 the)

Royal ballet visits Beijing, Shanghai.

皇家巴黎舞蹈团访问北京和上海

(Beijing, Shanghai 应为 Beijing and Shanghai,省略连词)

Obama Administration to Mediate BlackBerry Bans From UAE, Saudi Arabia, Others.

黑莓在阿联酋、沙特等国遭禁,奥巴马政府将从中调解

(UAE, Saudi Arabia, Others 应为 UAE, Saudi Arabia and Others,省略连词)

Dark clouds over the Web

乌云笼罩网络

(over 前省略了系动词 are)

Pakistan: US Keeps Eye on Internal Unrest

美国关注巴基斯坦国内动乱局势

(Eye 前省略了冠词 an)

Twelve projects in Guangxi funded by the state

广西12个项目纳入国家投资

(funded 前省略了系动词 were)

此外,在新闻英语中最常用的就是 that 引导的宾语从句,that 通常被省略。例如:

After the long and ambivalent search for answers to the problem of homelessness, Americans should rejoice there is at last an opportunity to act on the principles they so often and so proudly proclaim.

(四)使用插入语

除了被动句和倒装句,新闻英语中还经常用到插入语(parenthesis)。由于插入语在语义上具有相对的独立性,所以对于新闻事件可以起到补充说明、提供背景材料的作用。此外,新闻文体中插入语的前后通常用破折号

标明,其目的就是更明确地显示插入成分是游离于句子主线结构之外的,使得整个句子层次分明,更容易抓住读者的注意力。例如:

Consumer confidence is up. Employment is up. The economy is clearly accelerating. Are we in for a Bill market? Or, put another way, do Wall Streeters love—or at least like—the new President? You could make the case so far, though some are wondering if checkout time is near in the honeymoon suits.

(*Fortune*, March 8, 1993)

上句中,破折号之间的 or at least like 是插入语。

新闻英语的特殊性就在于,其文本要尽可能多地发布消息(尤其是写到人物身份、职业、年龄,组织机构的特点、性质,地理位置的远近、特点,以及对时间做进一步说明时),因而在众多插入语中,同位语的使用最为频繁。例如:

One was Maria Antonietta Berna, 22 years old, daughter of the railroad stationmaster of Thiene, a city of 20,000 northwest of Venice.

上述例子中共有三处使用了同位语,前两个插入语用来补充说明 Berna 的年龄及身份,第三个则指出了 Thiene 城的地理位置及城市大小。

The group of five Senators, led by Frank Church, Democrat of Idaho, the committee chairman, is on a six-day visit to China.

本例中共有两个同位语,都用来说明 Church 的身份。

由此可见,新闻英语中经常将次要内容作为同位语部分插入句子中,以此扩展简单句。

(五)时态使用更灵活

英语新闻为了达到传播信息的目的,其文体无论在词序、语序上,还是在时态的使用上都十分灵活。新闻英语中运用时态的灵活性主要体现在以下几个方面。

(1)使用动词不定式代替一般将来时。新闻文体中常常使用"will+动词原形"或"be+动词不定式"的结构表示将来时。最为常见的是 be+动词不定式,而且为了节省空间,往往省略 be。例如:

Last Ten New York Hostages "To Go Free"

纽约最后十名人质"即将获释"(to go free 应为 will go free)

(2)使用一般现在时代替一般过去时。在新闻英语中,为了给人以真实感,达到使读者感到事件正在进行中的效果,在表达已经发生的事情时,常常使用一般现在时而不是过去时,这样可以增强其真实性和观赏感。例如:

Hong Kong court rejects property tycoon's challenge
香港法院拒绝房地产大亨的挑战（rejects 应为 rejected）
(3)使用现在分词代替现在进行时，但往往省略 be 动词。例如：
Beijing children getting taller
北京儿童身高增加（getting 应为 are getting）

（六）使用特殊定语

新闻英语中还经常使用到的一种句式就是特殊定语。特殊定语包括两类：一类是名词定语，另一类是前置定语。

(1)名词定语。新闻文体中用名词作定语的现象非常普遍。但有必要指出的是，有些名词作定语与相应的形容词作定语是有很大差别的。例如：

an obesity specialist 肥胖病专家

an obese specialist 长得胖的专家

a bankruptcy lawyer 处理破产诉讼的律师

a bankrupt businessman 破产商人

a debt specialist 债务问题专家

an indebted country 一个负债的穷国

(2)前置定语。作为构成英语新闻文体风格的语法手段之一，前置定语被用来修饰名词，以使句子结构严密紧凑。例如：

"The 40-year-long East-West nuclear arms race has ended." the spokesman said at the press conference yesterday.

"东西两大阵营持续 40 年的核军备竞赛结束了。"新闻发言人昨天在记者招待会上宣布。

三、语篇特点

（一）文化背景丰富

在新闻英语中经常会出现一些具有丰富文化内涵的词语，这些词语来源于英语国家的特定历史文化，它们内涵丰富、言简意赅，为英语国家的人们所熟知。例如，burn rate 这个词组在夏天常常见诸英美报端，这是因为夏天到了，薄薄的衣衫让很多姑娘都有了减肥的计划。这个词不仅出现在生活用语中，在财经新闻中也经常见到。例如：

The average monthly burn rate from January to April, a span encompassing the "heavy combat" phase of the war, was $4.1 billion, Dov

Zakheim(the Pentagon's Chief financial officer)said."

多夫·扎赫姆指出,四月份包括攻打伊拉克"重大战役"时期,平均每月军事及相关支出也不过41亿美元。

这是2002年夏天时任美国国防部副部长兼审计长的多夫·扎赫姆在美国讨论对伊军事预算时所说的话,burn rate 在这里指资本、原料等的消耗率。这句话对于美国人来说很容易理解,但是对于缺乏上述生活背景的其他人而言,就不是很容易。

再如,Swiss cheese 从字面看是"瑞士乳酪"的意思,但是你能想到它和微软公司的视窗 windows 操作系统会有什么关系吗?据新闻报道,微软日前敦促其用户立即登录微软的网站下载并安装一个免费的补丁程序。专业人士称:"Until they have this patch installed, it will be Swiss cheese anybody can walk in and out of their servers."这句话的意思是说:视窗操作系统的漏洞很多,任何人都可以利用这些漏洞自由进出服务器,就跟表面多孔是瑞士乳酪一样。对于没有看过、吃过瑞士乳酪的人来说,要获得正确的理解是非常困难的。可见,了解这些词汇的文化背景也是新闻翻译必须考虑的内容。

(二)引用成语

随着时代的发展,引用成语成为了英语新闻的一个显著特点。广泛运用英语成语不仅可以给以英语为母语的人一种亲切感,而且还能使文章词汇更具色彩。同其他语言一样,英语中成语的起源及其所代表的特殊意义与英语国家中人们的生活习惯、历史文化背景等有密切关系。例如:

It is a Catch-22 situation.

词语 Catch-22 来自约瑟夫·海勒(Joseph Heller)的小说《第 22 条军规》(*Catch-22*)。由于这部小说,Catch-22 后来成了自相矛盾的法规的代名词。*Newsweek* 有一篇文章中这样写道:Israel is a "Catch-22" problem for the Iranian regime(以色列问题对于伊朗政权来说如同"第 22 条军规")。这是有关伊朗、美国和以色列三国之间外交问题的新闻,如果读者不了解这个成语的意思,可能很难理解这则新闻内容。

A Law by Any Other Name…

(*The New York Times*)

本例改编自"A rose by any other name would smell as sweet."(玫瑰花,无论给它取什么样的名字,都是一样的芬芳)一语。因此,这个标题的意思就是,无论人们给法律取一个什么样的名字,其实质仍然不变。

He remains, fundamentally, a cautious man—a leader who seeks regional consensus, safety in numbers.

这句话源自谚语：there's safety in numbers(站在多数一边就安全)。

Crying Over Unsold Milk

这句话源自于 cry over spilt milk(做无益的后悔)。

The Peace Corps, Charity Begins Abroad

(*The Guardian*)

这是一则新闻标题，源出谚语：Charity begins at home(先照料好自己的家，再去帮助别人)。

Corporate Scandals Put Directors in the Hot Seat

这句话源自于美语俚语：put…in the hot seat(让某人坐电椅)。

(三)善用修辞手法

新闻英语经常会用一些修辞手法，以使新闻报道更加通俗易懂、生动形象、吸引人们的注意，从而达到传播信息的目的。适当使用修辞手段能为新闻内容增添趣味，让人回味。例如：

It was the first time that Mr. Clinton, who is facing the most severe political crisis of his career, picked the Pentagon as the backdrop for a major's address. (比喻)

Anyone on the White House staff who would not be embarrassed to take an intelligence test is commonly described as "brilliant". Anyone under the age of 49 is "young". (委婉)

In the evening the poor wounded boy was taken to that experienced doctor, who by applying some poisonous concoction of crushed leaves to his left eye, succeeded in blinding him! (反语)

It's a long, long way to Siberia and a long, long wait at Moscow Airport. (双关)

South Africa: Groping for Growth(押韵)

(*Newsweek*, Feb 6, 1993)

Why We Love to Hate Women Bosses(对照)

(*The Observer*, Feb 13, 2000)

Volcanic baby clears its throat. (拟人)

Where there's smoke, there's crash. (仿拟)

And then last week, in an instant, the World Trade Center in New York City became ground zero. (夸张)

Arms Makers, Yes—Arms Merchants, No(对比)

(*Newsweek*, March 1, 1993)

Korea: Enter Mr. Reform(幽默)

(*Newsweek*, March 1, 1983)

The crunch of people crushes city and country alike. (头韵)

第二节 新闻文体翻译原则研究

由于新闻文体的独特性,在翻译新闻时除了要遵循一般的翻译原则外,还应该符合新闻翻译的基本规律。具体而言,翻译新闻文体必须要遵循以下原则。

一、注重新闻传播效果

通常情况下,翻译应该忠实于原文,但是由于新闻的最终目的是传播信息,因此新闻翻译也就具备了不同于一般翻译的性质。新闻翻译中要特别注意,译文要能够传达出原来的新闻传播效果。美国传播学先驱拉斯韦尔(Harold Lasswell)曾经提出了"传播五要素"论(Five W's Communication Model)。他认为,任何一种传播行为都有这样的一个模式:谁(who),说了什么(says what),通过什么渠道(in which channel),对谁(to whom),取得什么效果(with what effects)。其中的效果即是传播效果,它是指信息传播出去后引起的各种反应。如果传播者传播出去的信息不为受众所认可,那么这种传播效果就不佳甚至会适得其反。由此可见,可以将传播效果作为检验传播活动成败的一个标尺。

因此,在新闻翻译过程中,如果对原文不解甚至误解,那么就会造成译文曲解原作者的意图,从而最终导致翻译的失败。由此可见,译者在翻译新闻时除了要精通源语、了解原文外,还应该特别注意新闻传播的效果。

二、译文要准确清晰

新闻的目的是传递信息,所以新闻翻译必须做到准确清晰才能达到这一目的,读者才能理解原文作者所要表达的内容,才会获得有关信息。如果译文的意思偏离甚至背离原文信息,那么新闻就达不到传播的效果。

译者想要在翻译新闻时做到准确清晰，就必须根据中英之间的文化意识差异对新闻报道按照译入语的思维方式和风俗习惯进行翻译，这样才能达到传播信息的目的。例如，在翻译关于中国政治制度、社会现象、方针政策等的新闻时，应该对其进行简短的说明、解释，如翻译中国特色词语"打白条"时，不能译成 give a white slip(of paper)，而要根据具体情况进行翻译。"白条"就是指欠条，"打白条"即开具不定期甚至难以兑现的欠款条。因此，在翻译时可借用英语中的 issue an IOU 这一现成表达，这样英语读者就能很容易理解了。再如，对于"解放前""解放后"这两个在中国人看来很常见的词汇，一般外国人并不熟悉，如果将"解放前"和"解放后"译成 before/after the founding of the People's Republic of China(1949)，那么翻译才显得更清晰易懂，也较客观。根据文化差异对传媒新词进行翻译，归根到底旨在使翻译清晰易懂，帮助受众更好地理解新闻内容，从而达到良好的传播效果。

总而言之，新闻翻译是国内外信息相互传播的一种重要途径，同时也是思想、信息交流的一种重要形式。在翻译新闻时，根据情况对译文做一些解释是由新闻翻译(包括传媒新词翻译)的性质所决定的，最终目的是让译文更容易被理解，从而增强传播的效果。

三、重视中英文化差异

文化上如果存在差异，可能会导致拥有不同文化背景的人对同一新闻中的事件或理念进行不同的解读。因此，在对英语新闻进行翻译时，译者除了要精通汉语和英语语言知识以外，还必须有一定的文化意识，注意新闻的文化背景。

无论英语新闻还是汉语新闻，其受众都是多种多样的。受到语言、文化、政治及生活环境等的不同影响，中英新闻受众在接受新闻内容的兴趣及需求方面互不相同。因此，译者要认识到中英文新闻受众由于历史文化传统、生活环境、发展程度不同，在思想沟通、信息交流过程中必然要遇到不少困难，因而在翻译英语新闻时必须考虑其中的文化差异。例如，英国是一个岛国，自古以来海洋和渔业都对其有深刻的影响，而中国大部分则以陆地为主，人们的生活与陆地息息相关，因此两个国家的语言文化习惯就有差异。例如，在形容一个人喝水量大而速度快时，英语的表达方式是 drink like a fish，而汉语的表达方式却是"牛饮"。除此之外，生活习惯的差异、宗教的差异及历史典故的差异等，也会对新闻翻译造成一定的影响。

为了正确传递信息，增进了解，译者在翻译新闻时必须考虑文化差异，根据具体情况对文化信息采取异化处理或者归化处理。

(1)异化就是接受外来文化或是外国化。异化翻译能够较为完整地保留源语的语言和文化特点,使读者感同身受地体会异国风情、异国文化和异国语言,以补充本民族文化的不足,丰富本民族语言的表达法,更好地促进中西文化交流。

(2)归化就是改造外来文化,即本土化。归化的翻译侧重让译文读者读起来像是读母语,因此要尽量缩小、改变或调整文化差异,使译文通顺自然,便于译文读者阅读。

无论是异化处理还是归化处理,新闻翻译的最终目的都是使译文达到较好的传播效果。因此,译者在翻译过程中必须考虑源语与译入语的文化差异,才能翻译出适应译入语读者文化意识及阅读习惯的好作品。

四、信息要客观忠实

新闻的"客观性"(objectivity)历来都是新闻的最基本规律,然而中外新闻界对新闻的客观性并没有一个统一的认识。经过近百年的实践,西方新闻界承认客观性已经不再是新闻业所追求的目标,因此解释性报道(interpretative reporting)应运而生。解释性报道不能仅仅报道事实,还应报道事实的真相或内涵。但这并不是说解释性和客观性是相互对立的。事实上,解释性是为了更好地为客观性服务,在事实和报道之间还有记者作为桥梁。如果没有记者的采访、写作,事实不过是个事实而已,它不能进入大众传播渠道。在大部分情况下,在客观报道的前提下对所报道的消息加入些解释性的内容并不会显得多余,反而能使报道更趋客观,增强传播效果,如"Every child entering the world in the lunar year that began last Saturday is born in the year of the Rooster, according to traditional Chinese reckoning."。

第三节 新闻文体翻译方法研究

由于新闻文体对客观性的要求,以及中西文化间存在的差异,不理解异语国家历史文化背景、用词特点的读者可能无法领会新闻中妙不可言的精彩之处。因此,在翻译新闻文体时,除了要充分理解新闻文体的字面意思外,还要善于发现其中的文化差异,巧妙运用各种翻译方法,准确传达新闻的意思。下面就从新闻标题、异语及词汇三个方面来研究新闻文体的翻译方法。

一、新闻标题的翻译方法

标题浓缩着新闻的主要信息,承载着丰富的信息量。新闻标题翻译的成功与否决定着整个新闻翻译的好坏。通常而言,英汉读者的阅读习惯和关注点不同,而新闻标题往往又只是为了迎合本国读者的习惯和需要,因此译者要了解中英新闻标题存在的差异,才能实现中英文之间互译。中英文新闻差异最主要表现在标题的长短不同。

(1)相对于英语,汉字的词义更加丰富,而且占用空间较小,所以编辑可以不用担心空间,从而可以把更多的心思放在"标题多行"、字词挑选和文字对仗工整等方面,以此来吸引读者。

(2)相比之下,英文的单词更长,占用的空间也较大,因此用词必须节省。为了达到这个目的,英语新闻的标题往往在语法方面做文章,能省则省。在英语新闻中,作者要通过选用简短词汇,省略不重要的冠词、介词、连词、代词、be 动词等方法来写标题。

因此,在翻译新闻标题时译者不仅需要斟词酌句,正确使用语法,而且还要考虑如何将原文的言语目的传递给读者。为此,译者在翻译时就需要运用一定的翻译方法,不仅要使新闻标题新颖而简短,而且还要实现新闻的传播效果。新闻标题翻译常用以下几种方法。

(一)套用诗词熟句

英汉语言在其发展的过程中都沉淀和汇聚了大量的诗词熟句,成为各自语言的浓缩精华。译者在翻译新闻时可以根据具体情况选用读者熟悉的诗词熟句,以便消除距离感,实现传播的目的。例如:

Singapore Film Star Gives Part of Liver to Save Dying Lover

若为爱情故,肝胆也可抛

狮城影星捐肝救垂死恋人

这则新闻标题的内容很好理解,它的译文主要由两部分组成,即眉题和正题。眉题部分套用了名句"若为自由故,两者皆可抛",译者略微做了改动,其意境同样很感人,较为完整地传达了原题情真意切的意蕴。再如:

One Foot in the Field, the Other on the Campus

(*UCLA Daily Bruin*, August, 2006)

如果仅从语言符号所指来翻译这句话,可译为"一只脚在田野,一只脚在校园"。但原文标题的深层含义并不在此,因此有必要调节话语,进行解释性翻译,故可将标题改译为"一只脚在商界,一只脚在校园"。然而,这样的翻译显然不能突出效果。为了达到吸引读者的目的，译者可以运用修辞手段再次进行调整，以有效传递并突出信息核心。可以尝试套用汉语的一句俗语将其翻译为"脚踩两只船：一只在商界，一只在校园"。其中，"脚踩两只船"在汉语中含有贬义，经过这种处理，标题就显得诙谐幽默，容易吸引读者眼球。

(二)运用对称结构

在英语新闻中，由两句话或短语组成的标题很常见，其内容往往会形成鲜明对照。在翻译此类标题时，译者不仅要寻求意义对等，而且要保证形式对称。例如：

Look Back to Look Ahead.

回首往昔，展望未来。

Food drops "great TV", but almost useless

空投食物 无异作秀，杯水车薪 于事无补

Bosses Busy in Teaching & Teachers Pleased with Business

老板忙教书，老师乐下海

由于英汉语言的各种差异，很难将汉语的对联翻译成形式对称的英文。但是，译者可以通过采用其他修辞形式来弥补，如巧用英语中的同根词、头韵等修辞手法，如上例中的 busy 和 business，teaching 和 teachers。

(三)酌情补全背景

由于新闻标题长度的限制，不能将诸如事件发生的背景、地点等重要信息都包含在内。因此，译者在翻译标题时要在考虑读者阅读心理的情况下，对译入语读者可能不熟悉的有关信息进行必要的变通或阐释，如酌情加上逻辑主语或新闻人物的国籍、消息的事发地点等。例如：

Lewis, Xie voted world's top two

路(易斯)谢(军)当选世界十佳(运动员)前两名

在标题的译文中，译者增加了一些阐释性的内容，把有关新闻人物的姓名、标题在逻辑上或语义上有所缺损的信息完整地介绍给了读者，显著提高了译文的清晰度。再如：

I worry that we won't live to see our daughter.

这则新闻标题直接引用自一位日本老人所说的话。如果将标题直译成"我担心活不到见到女儿的那一天"，虽然意思正确，但这只是一种随意的话语，没有将深层次的内容表达出来。为了提高标题的表达效果，在表达意时要考虑将语境条件增补进去。因此，可以将标题译为"日朝人质何时休，老母盼儿泪满流",这样不仅交代了事件的背景,同时也表达了受害者对亲人的深切思念。

(四)巧译修辞手法

新闻标题除了讲求简洁精练外,还要求将新闻中的人物、事件鲜明地突出出来,以便吸引读者注意,因此会使用很多修辞手法。在对标题中的修辞手法进行翻译时,要尽量采用译入语中相对应的修辞手法,以保留原文标题的生动性、趣味性。例如:

Soccer Kicks off with Violence

足球开踢 拳打脚踢

该则新闻标题中的 kick off 在足球比赛中原指"开球",但与后面的 violence 一起使用,就为读者呈现出了一幅拳打脚踢的景象,并在回味之中哑然失笑:原来比赛双方一开球就打起来了。因此,译者将该标题译为:足球开踢,拳打脚踢。

All Work, Low Pay Makes Nurses Go Away

这则新闻标题的意思不难理解,而且它使用了仿拟的修辞手法。它仿拟了英语谚语"All work and no play makes Jack a dull boy."(只工作不玩耍,聪明孩子也变傻)。但是由于标题中蕴含了英语修辞的文化语言环境,兼具文化特色及语法修辞特点,在汉语中很难找到契合点,译者难以将其修辞再现于译文中。这种情况下,译者只能舍弃标题的修辞特色,争取译出标题的基本含义,否则就有可能因词害意,让人难以理解。可以将其译为:

工作繁重薪水低,护士忙着把职离

译文虽然没有运用原文中的修辞手法,但采用了尾韵的修辞,读起来朗朗上口,仍不失为一个好标题。

杨凌:绝望的希望

(《南方周末》2008 年 7 月 5 日)

Yangling: Hope in Despair

这则标题采用了矛盾修辞格,起到了吸引读者的效果。在翻译时可以同样采用矛盾修辞格。

二、新闻导语的翻译方法

导语有时也被称为"微型新闻",具有简洁而充实、生动而具体的特点。导语主要是交代何人发生了何事,有时还会说明事件发生的原因。简而言之,导语就是浓缩的消息,能帮助读者了解新闻的主要内容。一则好的导语是新闻成功的一半,要想更好地翻译导语,首先应该理清导语的主要特点和分类。根据导语的写作风格,可以将其分为硬导语和软导语。

(1)所谓硬导语,是指开门见山地交代新闻要素的导语,其特点是程式性叙述。硬导语可以包括要点式导语、概括性导语、橱窗型导语、标签式导语等。

(2)相对于硬导语,软导语的写作手法更具文学性,写作更随意,可以从趣闻逸事导入,也可以从人物的描写入手。

下面就按此种划分来探讨其翻译方法。

(一)新闻硬导语的翻译

新闻硬导语通常比较简洁,直截了当。在翻译时适合采用直译法,在不影响内容的前提下可以根据情况调整语序,以符合汉语的表达习惯。例如:

Three Chinese students are confirmed killed in early Monday's deadly fire at a Moscow university, according to latest information from the Chinese Embassy in Moscow.

据中国驻莫斯科大使馆最新消息,在星期一早上莫斯科一所大学发生的一场致命的大火中已确认有3名中国留学生丧生。

可以看出这则导语属于硬导语,导语的词数不多,但是却将事件发生的时间、地点、后果及消息来源等信息交代得很清楚。在翻译这则导语时译者采用了直译法。

(二)新闻软导语的翻译

前面已经说到,英语新闻软导语具有一定的文学性,导语生动活泼、情趣横溢,很容易吸引受众,所以翻译时适合采用带有文学色彩的手法翻译,最大限度地保留原文的文学风格。例如:

Motherhood and apple pie are still fine, but the thing many Americans relish most these days is owning their own homes. Two in three homes are owned by their occupants, and the lowest mortgage rates in three decades keep the numbers rising. But this does not suit everybody.

(*The Economist*, December 7, 2002)

母爱依旧浓,苹果派味道依旧美,但如今许多美国人津津乐道的事情是拥有自己的房子。现在三分之二的美国人是居者有其屋,三十年来最低的抵押贷款利率使这一比例继续上升,然而这并非人人都适用。

这是一则软新闻导语,其起始句更像是家庭生活的描写,渲染了气氛,然后引出新闻事实,切入正题。在翻译此类标题时,译者可以使用带有文学色彩的手段进行直译,以较好地传递作者的原意。

三、新闻词汇的翻译方法

(一)新闻新词的翻译

现代社会发展越来越快,新生事物层出不穷,涌现出大量的新词。这些新词通常会最先通过新闻为大众所熟知。翻译英语新闻中出现的新词时,要根据词形和上下文判断出词的意思,结合词典或专业参考书,运用直译、音译、音意混译以及解释性翻译等翻译方法将词的含义译出。

(1)直译要在忠于原文内容的前提下,或顾及原文形式,或在形式上另有创新。例如,Internet bar(网吧),community care(社区医疗),business tourism(商业旅游),tapioca milk tea(珍珠奶茶),physically challenged(行动不便者),sports bar(播放体育比赛的酒吧)等。

(2)音译是指根据源语新词的读音巧妙地译为合适的译入语对应词。例如,hacker(黑客),clone(克隆),bikini(比基尼),disco(迪斯科),pizza(比萨)等。

(3)所谓音意混译,即指采用音译和意译相结合的方法对英语新闻进行翻译。有些新词不能完全音译,可采用音意混译。例如,bowling(保龄球),gene bank(基因库),beeper(BP 机),sauna(桑拿浴),bungee jumping(蹦极跳)等。

(4)解释性翻译,即直译加注法。例如,green card 被译为"绿卡(允许外国人进入美国工作的许可证)",简洁清晰。

(二)行业用语的翻译

新闻经常会涉及商业、体育、军事、科技及文艺等方面的内容,这迎合了阅读趣味各异的读者,同时也增加了新闻词汇的数量。译者在翻译行业的专门用语时切忌望文生义,要先弄清其本义,然后再根据新闻报道的上下文确定其在某一领域中的特定含义。因此,在翻译新闻行业用语时,应该首选汉语中现有的对应词汇,如经济新闻中常见的 bull market 和 bear market,在汉语中就有对应词,即"牛市"和"熊市"。例如:

Cities all around the Pacific are battening down the batches as El Nino threatens meteorological mayhem.

(*Asiaweek*,Feb. 26,1999)

例中的 battening down the batches 指暴风雨来临之前水手将舱室封闭,尤其是储存饮用水和食品的舱室,是一个航海用语,其引申义为未雨绸缪，紧锣密鼓地做应变准备。

此外，译者除了掌握翻译技巧外，还要对不同领域都有所涉猎，尽可能多地熟悉和掌握这些学科常用的专业术语。例如：

It is even less certain that the Congress would back him in a showdown with Mr. Begin.

在他与比金先生的最后较量中，国会帮助他的可能性就更小了。

例中的 showdown 意为"摊牌"，是赌博中常用的词语，在句中转义为"（为解决争端的）最后较量"。再如：

Moreover, given data as well as sound analysis, the odds for predicting near-term pressure and conditions are considerably greater.

另外，从资料以及对资料正确分析的结果来看，对压力和状态做出近期预测的可能性大大增强了。

例中的 the odds 是体育用语，指高尔夫球的击球机会，在此处指成功的"可能性"。

（三）外来语的翻译

英语中有大量的外来语，英语新闻也不例外。在翻译英语新闻时，对于可以在英语词典中找到释义的外来语，只需根据词义做适当处理；对于新出现的外来语，翻译时就要反复推敲、仔细品味，根据上下文语境来把握其确切含义。例如：

Mozgovi said he studied newly discovered archive material during his research for the role that showed him Lenin was paralyzed before his death. "Lenin's private life was a secret before perestroika," he said.

(*Observer*, Nov. 18, 2001)

例中的 perestroika 源于俄语，是俄语单词的译音。该词的原意是指发生在俄国的一场很重要的改革，但在成为英语的时髦词后，其含义就被扩大了，除了用来指改革，还可以指组织机构的调整或重新安排。再如：

They have made fortunes from the sale of their scholarly certitude about the behavior of homo economicus, but are stupefied by the unfamiliar phenomenon of increasing worldwide unemployment running parallel with bounding inflation.

他们对"经济人"行为已确信无疑，以出售有关学术资料而发了财，但在日益严重的世界性失业和跳跃式通货膨胀同时出现的这种陌生现象面前目瞪口呆。

例中的 homo economicus 出自拉丁语，和英语中的 economic man 意思

相同,因此可译为"经济人"。

(四)抽象名词的翻译

在英语新闻的评论中经常可以看到许多抽象表达法,这主要是因为其使用了抽象名词。因此,在翻译英语新闻中的抽象表达时,要尽量按照中文的表达习惯,多使用具象词汇。例如:

No year passes now without evidence of the truth of the statement that the work of government is becoming increasingly difficult.

(*Washington Post*, June 2, 1999)

年年都有证据显示出政府工作越来越难这一说法的真实性。

可以看出,译文的表述较为抽象,没有断句,看似符合了原文的句式结构,但是与中文的表达习惯不符,意思表达得也不明确。可以改译为:行政管理工作已变得越来越困难了,每年都证明确实如此。再如:

The productivity improvement has been a reaction to crisis. Many companies were in difficulties in the recessionary years of 1980, 1981, 1982. They had to rationalize and modernize or die.

(*Newsweek*, 1997)

提高生产率是摆脱经济危机的对策。在 1980、1981、1982 三年的经济衰退期间,许多公司资金困难。他们不得不改组企业,使之现代化,否则就要倒闭。

(五)新闻惯用词的翻译

英语新闻中有不少所谓的"新闻惯用词",这类词用在新闻中具有特定的含义。翻译中如果遇到这类词语,译者要通过查词典、联系上下文等,来选择最合适的词义进行翻译。例如:

probe＝investigation 调查

bust＝arrest after planned operation 搜捕

a news story＝a news report 新闻报道

glut＝oversupply 供过于求

nadir＝the lowest point of relationship between two countries 两国之间关系的最低点

(六)俚俗词语的翻译

英语新闻中经常会出现俚俗词语,俚语具有浓重的地域特色,其表达通常不太规范。而且,大部分英语俚语在汉语中无法找到对应的表达方式,即使能够明白其意思,也无法传达其神韵。对此,译者在翻译时可以使用汉语中大致对应的表达法,或者在表达的语气上做文章,尽量使译文体现出俚语的特色。例如:

The *New York Post* summed up the spreading bewilderment by demanding in its blackest front-page:WHAT THE HECK ARE YOU UP TO, MR. PRESIDENT?

《纽约邮报》用最大号的黑体字在第一版以提问的方式概括了公众普遍存在的迷惑心态:"总统先生,您到底要搞什么名堂?"

例中的 the heck 是一个俚语,它其实是 the hell 的代称。在翻译时,可以通过整个句子将原文俚语所表达的焦躁心情表现出来。

第六章　商务文体翻译研究

商务英语是专门用途英语的一种。随着社会的不断发展,我国与国外的经济贸易往来不断增多,因此商务英语的作用也变得越来越重要。商务英语中包含丰富的商务理论和实务信息,其在技术引进、对外贸易、招商引资以及国际金融中都发挥着不可忽视的作用。由此,商务文体翻译也发挥着越来越重要的作用。本章就对商务文体翻译进行研究,内容涉及商务文体语言特点、商务文体翻译原则以及商务文体翻译方法的研究。

第一节　商务文体语言特点研究

作为商务交际活动中所使用的一种语言,商务文体具有鲜明的语言特点。了解并掌握商务文体的语言特点,有助于提高商务文体翻译的能力。下面就从词汇、句法以及修辞方面对商务文体的语言特点进行深入研究。

一、词汇特点

(一)常用新词

随着人类自然科学和社会科学等方面的迅速发展,一些反映各领域新思想、新概念、新方法等的词汇也不断出现。商务英语与当今时代的政治、经济、文化、科技有着密切的联系,这些领域的发展必然会促使大量商务新词的产生。越来越多的新词正在涌入商务术语中。例如:

online shopping 网上购物
cyber economy 网络经济
cyber-payment 电子支付
knowledge-based economy 知识经济

Euro 欧元
ASP(American Selling Price) 美国售价
slap flation 萧条膨胀
black Monday 黑色星期一(1987年10月19日纽约股市大崩盘)

下面请看两个例句。

We set a strict cap on travel expenses for all departments as a way of limiting our increasing costs.

作为限制不断增加开支的一个办法,我们为所有部门的差旅费制订了严格的上限。

cap一词的常用含义为"帽子",在此商务语境中是"上限"的意思。

Our company has a clean balance sheet and is confident that the bank will approve a loan.

我们公司的资产负债表上没有债务,相信能获得银行的贷款。

clean一词的常用含义为"干净",在此商务语境中是"没有债务"的意思。

使用一些新词汇既可以使商务语言增添时代感,又可以使文笔显得活泼、新颖。但是在理解这些词语时一定要谨慎,否则就很容易出现望文生义的错误。

(二)频用缩略词

随着贸易的不断发展,很多常用词语逐渐演化成为一种约定俗成的缩略形式或简化形式,即缩略词。在商务文体中,专业缩略词的恰当使用不仅可以增强语言的专业性、简洁性,而且可以用有限的形式表达出较多的信息,节省时间与空间。需要注意的一点是,在使用缩略词时要尽量选用常见的、通用的缩略词或简化字,这样方便读者理解和接受。

缩略词通常有以下几种分类。

(1)首字母缩略词,即由多个首字母构成的缩略词。例如:

L/C:letter of credit 信用证
B/L:bill of lading 提单
FOB:Free on Board 离岸价
CIF:Cost Insurance and Freight 到岸价
D/P:documents against payment 付款交单
SME:small and medium enterprises 中小企业
CPI:consumer price index 消费价格指数

(2) 由词的前部或词的头尾结合而构成的缩略词。例如：

Re.：regard 关于

SE.：securities 抵押品

Co.：company 公司

Inc.：Incorporated 股份有限公司

(3) 由两个或两个以上词的前部或多个主要字母缩略构成的缩略词。例如：

gr wt：gross weight 净重

min. prem.：minimum premium 最低保险费

(4) 由数字与单词的首字母共同构成的缩略词。例如：

3M：Minnesota Mining and Manufacturing Company（美国）明尼苏达矿业及制造公司；3M 公司

(三) 大量使用专业术语

每个行业都有自己的行话，每个学科都有一些专业术语。由于国际贸易的不断发展，一些专业术语常以约定俗成的缩略语形式出现在商务英语中，成为商务文体的一个语言特点。"例如，一份商业合同、一份消费品的保修单、一样工具的说明书、一张表格的填写、指示等都有它特殊的写法，不熟悉就不易看懂。"(王佐良、丁往道，1987)

专业术语意义单一、精确、固定、无歧义，利于精确地表达概念，且不具有感情色彩，不需要借助上下文便可以理解。为了准确描述商务活动中的各个环节以及与此相关的各类文件并且节约时间，商务文体在长期的使用过程中形成了一系列的商业术语。例如：

at sight 即期

sight draft 即期汇票

debit note 索款通知

market niche 市场利基

clean B/L 清洁提单

issuing bank 开户行

bona fide holder 善意持票人

force majeure 不可抗力

franchise 保险免赔额

pro forma invoice 形式发票

The Uniform Customs & Practice for Documentary Credits 跟单信用证统一惯例

(四) 使用书面语

商务文体中除了频繁使用专业术语,还倾向于使用书面语,这与商务文体的正式性有着直接的关系。商务活动的书面词语常用于商务合同、协议、正式的公函、条约、法律文件等文本中。在商贸谈判等正式场合,正式性书面语言的使用比非正式性的词语更具有严肃性和约束力,给人一种权威的感觉,并可赢得对方的信任。商务文体中书面语的使用主要表现在以下几个方面。

1. 使用复杂的介词短语

商务领域中很少使用口语化的介词,而是倾向于使用较复杂的介词短语。在英语商务文体中,常用的介词短语有 with respect to(concerning), with a view to(with the aim of), with reference to(about; in connection with), for the purpose of(for), in line with(according to)等。例如:

Cash in advance ties up the buyer's capital prior to receipt of the goods or services. (用 prior to 代替 before)

In view of the falling exchange rate, we have redrafted our sales forecasts. (用 in view of 代替 because of, considering 或 taking into consideration)

2. 使用冷僻词

英语商务文体的书面语中常常使用冷僻词。例如:

Everything concurred to jack up the price in the international market. (用 concur 代替 come together)

The company with which we hope to initiate business as soon as possible initiated an advertising campaign last week. (用 initiate 代替 start 或 begin)

3. 使用古词语

由于商务文体经常会涉及商务函电、经贸合同以及各种协议,而这些文本对双方都具有法律效力,为体现法律的权威性和严密性,需选用正式、规范和严谨的词语,而古词语就恰好具备这些特点。因此,英语商务文体中常常出现古词语。古词语的恰当运用可以使商务文体行文准确、简洁、正式、规范、严谨。

在英语商务文本中出现的古词语,常是由 where, here, there 为词根,加上一个或几个介词构成的合成副词。英语商务文体中经常使用的古词汇包括:herein(在此,于……之中), hereby(下述), hereinafter(自此……之后,在下文中),hereof(在本文中,关于这点),wherein(在那儿),whereof(兹特),whereas(鉴于),whereby(根据,凭),thereof(由此,其中),thereupon(在……其上),thereinafter(在下文,此后),therein(在那里,其中)等。例如:

Therein lies the problem of handling and shipment.

有关货物搬运和装船上的问题就出在那里。

We enclose herewith a few cuttings of newspaper advertisements for your reference.

随此函附上几份报纸广告,以供参考。

This Agreement and any rights or obligation hereunder are not transferable or assignable by one party to this Agreement without the consent of the other party hereto.

本协议以及本协议所规定的权利或义务不经另一方同意不得擅自转让。

二、句法特点

(一)常用被动句

被动语态的使用不仅使语言结构紧密、语义确切、表达严密,还能够转移所强调的内容,突出商务信息,提高论述的客观性、公正性以及话语的可信度,强调对方的利益,体现礼貌的原则。因此,英语商务文体中经常使用被动句,尤其是法律文书(如商贸合同)中使用频率更高。例如:

The date of the receipt issued by transportation department of concerned shall be regarded as the date of delivery of the goods.

由承运的运输机构所开具的收据日期即被视为交货日期。

Party B is hereby appointed by Party A as its exclusive sales agent in Hangzhou.

甲方兹指定乙方为杭州地区独家销售代理商。

Booking of shipping space shall be attended to by the Buyer's Shipping Agency, China National Foreign Trade Transportation Corporation, Beijing, China.

中国北京对外贸易运输公司作为买方的装运代理人洽订舱位。

上述这些例句均使用了含有被动语态的句子。被动语态的使用,可以使表达更加客观、严谨、紧凑,同时更容易被交易方所接受。

(二)使用状语从句

为了更精确地描述接受业务和完成商务业务、商务活动的具体情况,如时间、地点、手段、情形等,以体现其文体的准确完整性,商务文体中有时会使用状语从句。例如:

I'm sure you will think it fair on our part when we suggest that the total value of the parcel should be reduced by 50%.

我方建议这批货从总价中削减50%,相信你方会认为这样对我方是公平的。

Since you have failed to uphold your end of the agreement, we find it necessary to cancel our order.

既然贵方无法履行协议义务,我方认为必须取消订货。

Although our prices do not allow us any further discount, we will grant you a special 5% discount.

虽然我方不能进一步降价,但是仍可给贵方5%的折扣。

(三)使用定语从句

为了准确、完整、客观且严肃地阐述英语商务文体中的相关概念,商务文体中也会使用定语从句。例如:

We have to refuse to take delivery of your goods for the reason that they are quite different from the sample on which we made our order.

我方必须拒绝贵方的交货,因为它们和我方下订单的样品相差太大。

The Buyer may cancel its order through a telegram to the Seller, which is required to get to the latter prior to the beginning of any shipment.

买方可以通过电报通知卖方取消订货,但此电报需在货物装运之前到达卖方。

(四)常用复杂句子

一般来说,英语商务写作要求句子简练,但是这与复杂结构句子的使用并不矛盾。这是因为复杂句子的使用正是为了在解释说明时能够更清楚明了地表达意义,使行文显得更加严谨,表达更为精练,体现其语言逻辑的严密性。例如:①

Without prior written approval, no Party shall assign any and all of its

---

① 曾文华,付红桥. 商务英语翻译. 武汉:武汉理工大学出版社,2009.

rights and interests and delegate its responsibilities under this Agreement to any third party. However, Party B shall have the right to assign its rights and interests and delegate its responsibilities hereunder to an affiliate; provided however, that Party B shall continue to warrant that such affiliate will complete the purchase of the equity interest in the manner contemplated by this Agreement.

任何一方未经事先书面批准,不得将其在本协议项下的任何或全部权力和权益让与及将其在本协议项下的责任委托给任何第三方。但乙方有权力将其在本协议项下的权力和权益让与及将其在本协议项下的责任委托给一家关联公司,但是乙方应继续保证该关联公司将以本协议拟定的方式完成对股权的购买。

上例由两个句子构成,其中包含 1 个状语从句:provided that…;4 个状语成分:Without prior written approval,under this Agreement,hereunder,in the manner;2 个定语限定成分:to assign its rights and interests and delegate its responsibilities hereunder to "an affiliate",contemplated by this Agreement 和 3 个并列词语或并列结构:any and all,rights and interests,assign and delegate。

(五)多用虚拟语气

在英语商务文体中,虚拟语气的使用十分常见。使用虚拟语气可以有效疏远责备,避免不愉快的语气,表达较为委婉,可有效缓和矛盾。例如:
You should have thought my offer was reasonable.
我本以为我方报价合理。
上例中通过使用虚拟语气委婉地表达了抱怨。再如:
The memo went out three days ago. It should have made it to your inbox, but maybe it got lost in all the clutter on your desk.
备忘录三天前发出去的,应该放进你的收文篮了,但也可能夹杂在办公桌上那堆东西里了。
上例中通过使用虚拟语气使表达显得委婉,可避免言辞太过肯定。

(六)多用模糊限制语

在商务交流中,模糊限制语常用于提及令对方不愉快的情况或事情。常用的模糊限制语包括 unfortunately,we're sorry…,we regret that…等。通过使用这些表达方式,可使得对方有一定的心理准备,利于缓和语气,促进交际的顺利进行。例如:
Unfortunately we are unable to help you on this occasion. This problem

would not have happened if you had connected the wires properly.

很不凑巧,在这种情况下我们无法提供帮助。你若能及早打电话,就不会这样了。

I'm sorry, I'm afraid I'm completely booked on Monday. Would it be possible to postpone until you return?

对不起,恐怕周一的日程已排满了。能否等您回来再说?

三、修辞特点

在商务文体中,恰当地运用一些修辞手法可增强感染力、说服力,给人留下深刻的印象,从而促进商务活动的顺利进行。下面就来介绍商务文体中常用的修辞手法。

(一)比喻

比喻可分为明喻和暗喻。

明喻是对两个不同事物的相似点加以对比,用浅显、具体的事物去说明生疏、深奥的事物,使语言表达生动形象,更好地传神达意。明喻常用的比喻词有 like,as,seem,as if,as though,as…as…等。商务文体中有时也会使用明喻修辞,以引起读者联想,加深读者印象。例如:

Today, it is like a thriving sakura!

今天,这家银行就如一棵繁茂的樱花树。

上述是一则日本樱花银行企业的广告,原文通过使用明喻生动、自然地把树的形象和银行的业务发展结合在一起,使读者倍感新鲜,激发读者兴趣。

暗喻是直接将一个事物的名称用到另一个事物上,生动深刻地说明真理。与明喻不同,暗喻的本体和喻体之间没有 as,like 等词的连接。从某种程度上来讲,暗喻的修辞效果较明喻更加有冲击力。为了增强语言的表现力,商务文体中也会使用暗喻。例如:

Most central bankers are hostile to the idea of puncturing bubbles.

大多数央行人员对挤出经济中的泡沫持反对态度。

bubble 一词原意是"水泡""泡沫",这里指的是经济中的泡沫,即指资产价值超越实体经济,极易丧失持续发展能力的宏观经济状态。这一隐喻用日常生活中常见的现象来指代人们不熟悉的经济概念,人们通过水泡美丽脆弱、容易破灭的特点来形容经济运行表面繁荣终究难逃破灭,使晦涩难懂的概念变得生动易于理解。

第六章 商务文体翻译研究

(二) 拟人

拟人就是用描写人的词语来描写事物,以使物具有人的言行、思想和情感。在商务文体中,通过使用拟人的修辞手法,可使商品富有人情味,让人觉得亲切,增强语言的生动性和感染力。例如:①

Cross-border mergers have helped European companies boost efficiency and, broaden their vision, but nationalist factors still intrude. The proposed marriage of Sweden's industrial jewel, Volvo, for example, to government-owned Renault, a good march on paper, broke up at the altar over fears that decisions on job cuts might unfairly favor French workers.

公司跨国合并帮助欧洲公司提高了效益,扩展了眼界。但是民族主义的因素仍然起着干扰的作用。瑞典工业的瑰宝——沃尔沃与法国国有企业雷诺的联姻就是一例。他们在即将合并成功时,由于瑞典方面担心裁员会对法国工人有利而宣告失败。

上例使用了拟人手法,把瑞典 Volvo 与法国 Renault 的合并描写成联姻,在将要登上祭坛举行仪式时宣告失败。

(三) 夸张

作为一种修辞方式,夸张是用夸大的言辞来增加语言的表现力,以揭示事物的特征、本质,突出某种情感和思想。有时在商务文体中也可使用夸张的修辞手法以取得良好的交际效果,增强商务语言的感染力。例如:

The nation watched agape Friday as the stock market suffered a history making collapse that shook professional and armchair investors alike.

当股票市场在星期五遭受有史以来的使专业投资者和非专业投资者都感到震惊的重创时,全国人民都目瞪口呆。

上例中使用了夸张的修辞手法,agape 一词的意思是"瞠目结舌地",突出表现了人们震惊的程度。

(四) 委婉语

在商务文体尤其是在正式的商贸书信中,要尽量在语言表达方面做到不卑不亢,谦恭有礼,用最能打动对方的语言恰当地表达各方的合作意向与要求,以此为以后的合作打下良好的基础。外贸书信中婉转的语言比强硬的措辞更有力量,因此委婉语在外贸书信中的使用十分常见,便于与客户沟

---

① 傅敬民. 实用商务英语翻译教程. 上海:华东理工大学出版社,2011.

通情感,从而达到合作的目的。例如:

Unfortunately, we could not accept your offer. Your prices are prohibitive.

遗憾的是,我们不能接受你方报盘。你方价格过高,不敢问津。

原文通过使用 we could not 使语气显得更加委婉。在商务洽谈及函电中,当表达与对方不同的观点和看法时,常用婉转、客气的表达,如用"would you …""could you …""I was sure …"等,以便对方更容易接受。再如:

Could you lower your price a bit so that we can conclude the quick transaction?

贵方能否把价格再稍微降低一点,以便尽快成交?

第二节　商务文体翻译原则研究

商务英语是专门用途英语,涵盖面广泛,涉及众多不同的领域、不同的文体,其丰富内容和繁杂活动使商务英语翻译具有复杂性、特殊性的特点。基于此,商务英语翻译原则日益引起众学者的关注与讨论,可谓众说纷纭,见仁见智。下面先来看国内一些学者对商务英语翻译原则的讨论。

叶玉龙等(1998)在《商务英语汉译教程》中指出:"对商务英语来说,翻译标准除'忠实通顺'外,还应加上'地道'。"

张新红、李明将"功能对等"原则视为商务英语翻译的最高标准。他们以前人研究为基础,提出了自己的商务英语翻译标准,即"忠实、地道、统一"。他们认为"忠实"是"功能对等"的必要条件,"地道"和"统一"是"功能对等"的充分条件。所谓"忠实",即译文所传递的信息同原文所传递的信息要保持一致;所谓"地道",即译文的语言和行文方式都要符合商务文献的语言规范和行文规范;所谓"统一",即在商务英语翻译过程中所采用的译名、概念、术语等在任何时候都应该保持统一,不允许将同一概念或术语随意变换译名(张新红、李明,2003)。

刘季春(2007)将"格式固定,语体庄重,措辞婉约,行文严谨"作为涉外文书的翻译原则;将"条理性,规范性,严谨性"作为涉外合同的翻译原则。

翁凤翔认为对等的概念可以作为国际商务英语翻译标准的基础,并提出了国际商务英语的翻译标准:"信息灵活对等"(dynamic message equivalence),

并将之概括为"4Es",具体如下所述。①

(1)原文的语义信息与译文的语义信息对等。

(2)原文的风格信息与译文的风格信息对等。

(3)原文的文化信息与译文的文化信息对等。

(4)原文读者反应与译文读者反应对等。

可见,关于商务英语的翻译原则,可谓众说纷纭,莫衷一是。但正如王永泰(2002)先生所说的:"翻译标准不宜苟求全面统一,应视不同文体而定;若用信、达、雅来衡量,则应有区别地有所侧重。"

综合上述观点,笔者将商务文体翻译的原则总结为:忠实原则、准确原则、通顺原则、专业原则、简洁原则以及功能对等原则。

一、忠实原则

"忠实"是商务文体翻译的首要标准。所谓"忠实",即译文所传递的信息同原文所传递的信息要保持一致,或者说要保持信息等值。② 在商务文体翻译时,需要做到译文忠实于原文,不得有任何篡改、歪曲、遗漏或任意增删的现象。正如鲁迅先生所说的,翻译必须"保存着原作的风姿"。"忠实"要求的是译文在内容和风格上力求与原文保持一致,而不只是形式上的一致。例如:

Lord Weinstock, the managing director of GEC, yesterday for the first time publicly ruled out a takeover, bid for British Aerospace and said he would prefer to see joint ventures between the two companies.

译文 1:GEC 管理部主任 Weinstock 勋爵,昨天首次公开投标收购大不列颠航空工业公司,并说他希望两家公司组成一家合资公司,联合经营。

译文 2:GEC 公司的总经理温斯托克勋爵昨天首次公开取消对英国航空公司的收购出价,并说他宁愿设立由两家公司共同组建的合资企业。

上例译文 1 对原文信息理解有误。managing director 是公司业务主管,而译文 1 将其译为"管理部主任";rule out 是"排除;取消"之意,而译文 1 却译为"投标",这都是对原文意思的曲解,未能忠实传达出原文本意。而译文 2 则忠实地传递出了原文所要表达的信息。又如:

Management isn't looking on the labor unions too favorably, I'd guess. I don't blame them…Labor unions can really put the squeeze on the

---

① 傅敬民. 实用商务英语翻译教程. 上海:华东理工大学出版社,2011.
② 段云礼. 实用商务英语翻译. 北京:对外经济贸易大学出版社,2009.

executives.

译文 1:我想管理人员不会看好工会。我不责备他们……工会真的会对这些主管施加压力。

译文 2:我想管理人员不会看好工会。我不责备他们……工会真的会对这些主管较劲。

无论是从语体上还是修辞上来看,译文 2 都比译文 1 更加忠实于原文。

二、准确原则

商务文体翻译的核心标准就是"准确"。"准确"是关键,译者务必在信息转换的过程中正确理解并选择词语,概念表达要确切,物品与名称所指正确,数量与单位精确,将原文的语言信息用译文语言完整表达出来,不曲解原义(段云礼,2009)。例如:

Party A shall have a right of first refusal whenever Party B wishes to sell any of its hares in the Group.

译文 1:乙方任何时候有意出售其持有之任何集团股份,甲方一律拥有优先拒绝权。

译文 2:乙方任何时候有意出售其持有之本集团任何股份,甲方一律有优先购买权。

上例原文中的 right of first refusal 意为"优先购买权",而译文 1 却将其译为"优先拒绝权",背离了"准确"原则;译文 2 则准确地传达了原文的意思。

三、通顺原则

通顺是指译文语言必须通顺易懂,符合规范,即所用的词汇、短语、句子及语法都必须符合本语种、本行业的一般规范和习惯,没有出现死译、硬译的现象,没有语言晦涩的现象,没有结构混乱、逻辑不清楚的现象。例如:

The Buyer shall pay the Seller US $350,000 within 20 days after the Bank of China has received the following documents from the Seller and found them in order, but not earlier than 12(twelve) months after the date the Contract Plant for the first mime reaches 95% of guaranteed capacity of the whole Contract Plant according to the guaranteed qual ity indices as per Annex VI to the Contract or 65(sixty-five) months after the date of signing the contract, whichever is earlier.

买方须于中国银行收到卖方下列单据并经审核证实无误后的二十日内向卖方支付 350 000 美元,但此款项的支付不得早于合同工厂第一次达到附件Ⅵ所规定之质量保证指标的 95% 以后的 12(十二)个月,或本合同签字后的 65(六十五)个月,以早到的日期为准。

上例中,原文是一个复杂的长句,状语从句中带有一个定语从句。如果只按原文的结构和顺序翻译,必然会使译文句子冗长,难以理解,所以应该根据汉语的表达习惯,把复杂的英文句子译成意思明了、结构通顺的汉语。再如:

These days, the US economy isn't "graduating enough scientists to fill the need of the coming decades," frets Charles C. Leighton, "That's a real concern."

近来,美国经济"未培养出足够的科学家来满足今后几十年发展的需要",查尔斯·C·莱顿抱怨说:"这才是真正需要关注的问题。"

译文将原文中的 isn't graduating enough scientists … 译为"未培养出足够的科学家",符合汉语的表达习惯,若译为"不能授予足够的科学家文凭"则显得很拗口。

四、专业原则

通常情况下,商务文体中涉及到很多商务专业词汇、术语和常见表达方式,在翻译时译者必须掌握相关的商务知识、背景和文化,用合适的术语对原文术语进行处理,尽可能采取准确、专业的表达。例如:

By Irrevocable Letter of Credit available by Sellers' documentary bill at sight to be valid for negotiation in China until 15 days after date of shipment, the Letter of Credit must reach the Seller 30 days before the contracted month of shipment.

以不可撤消的信用证,凭卖方即期跟单汇票议付,有效期为装运期后 15 天在中国到期。该信用证必须于合同规定的装运月份前 30 天到达卖方。

上例中的原文一般常常出现在外贸合同中,因此语言十分规范、专业。所以,译者对其中大量专业术语的翻译要遵循约定俗成的原则,确保用词专业。再如:

In handling account settlement businesses such as honor, remittance and trust acceptance negotiable instruments, a commercial bank should honor and enter the receipt and payment into the account book within the set period of time and must not hold down the bill or money order or return them in violating the law.

商业银行办理票据承兑、汇兑、委托收款等结算业务,应当按照规定的期限兑现,收付入账,不得压单、压票或者违反规定退票。

上例原文中包含很多专业词汇,如 honor,negotiable instruments,hold down,receipt 等,同时这些又是普通词汇,译者要具备相关的商务知识才能写出专业的译文。

五、简洁原则

商务用语讲究简洁、明确,因为快节奏的商务活动不允许语言表达繁琐啰嗦。商务文体翻译要遵循简洁原则,这里简洁是指在抓住原文主要信息和强调重心的基础上,根据原文的语言风格和特点,采用简洁的目的语表达方式。需要注意的一点是,简洁并不等于可以对原文信息任意删减。例如:

Further to our previous mentioning of the ocean freight, please know that we did not approach the shipping company but rather they came to us quoting the $17 per container rate, this per their desire to get the business.

译文 1:关于我们前面提到的海运费的问题,我们想进一步指出的是,我们当时没有找海运公司联系,而是他们主动找到我们并向我们报了每集装箱 17 美元的费率,这是由于他们想得到这笔生意。

译文 2:另外,前面提到的每集装箱 17 美元的费率是海运公司为招揽生意主动给我们的报价,我们事先没有与他们接洽。

上例中的译文 1 只是机械地按照原文顺序进行翻译,并没有考虑到中英文在信息核心表达上的差异;而译文 2 则抓住了信息重心,即"we did not approach the shipping company but rather they came to us.",并着重译出,同时简要地将其他次要信息表达出来。

此外,值得提及的一点是,商务文体的简洁性还体现在缩略词语的使用上。例如:

Economists and physicists call this quantity the "energy return on investment" or E. R. O. I. .

经济学家和物理学家把这个值称作"能源投资回报率",或缩写成 E. R. O. I. 。

六、功能对等原则

功能对等是指经过翻译,译文在信息内容、信息承载方式、交际目的和交际效果等方面与原文最大限度地保持对等。翻译的最高标准就是功能对等。在进行商务英语翻译时,需要考虑功能对等的翻译标准。例如:[①]

Gentlemen,

We have received your telegram of May 6, from which we understand that you have booked our order for 2,000 dozen of shirts.

In reply, we have the pleasure of informing you that the confirmed, irrevocable letter of Credit No. 7634, amounting to $17,000, has been opened this morning through the Commercial Bank, Tokyo. Upon receipt of the same, please arrange shipment of the goods booked by us with the least possible delay. We are informed that S. S. "wuxi" is scheduled to sail from your city to our port on May 28. We wish that the shipment will be carried by that steamer.

Should this trial order prove satisfactory to our customers, we can assure you that orders in increased quantities will be placed.

Your close cooperation in this respect will be highly appreciated. Meanwhile, we look forward to your shipping advice.

Your sincerely,

先生:

5月6日电悉,贵方已接受我方购买2 000打衬衫的订货。

我们高兴地答复,第7634号保兑的、不可撤销的信用证,金额为17 000美元,已于今晨通过东京商业银行开出。收到后,请将我们所订的货物迅速安排装运。另据悉"无锡"号轮定于5月28日从贵处开往我港,我们希望由该轮装运这批货物。

如若此次试购使我方客户满意,我们保证将继续大量订购。

我们对贵公司在这方面的密切合作深表感谢。同时盼望贵方的装运通知。

敬上

上述信函包含两个主要功能,即信息功能和呼唤功能。所谓信息功能,即向信函读者传达相关信息,如己方已获悉对方接受订货、信用证已开出

[①] 汤静芳. 商务英语翻译. 北京:对外经济贸易大学出版社,2007.

等；所谓呼唤功能，即向信函读者传达己方的希望，呼唤对方去思考和行动，如希望对方将所订货物迅速装船，并由"无锡"号装运等（汤静芳，2007）。在进行翻译时，必须实现这两个功能的对等，不仅要把原文的信息准确无误地传达出来，同时还要唤起信函接收者的行动。

第三节 商务文体翻译方法研究

商务文体翻译的方法多种多样，如音译法、直译法、意译法、分译法、合译法、正反译法、重复法、不译法等，在实际的商务文体翻译实践中，译者可根据具体情况灵活使用这些翻译方法。

一、音译法

音译法是指将原文按源语的标准读音译作标准译语读音，使源语和译语在读音上具有一定相似性的翻译方法。[1] 商务文体翻译中的音译法主要应用于专有名词，如人名、地名、商标、商号等的翻译。音译法包含两种情况，即完全音译和音译加注解。
(1) 完全音译。例如：
Lincoln 林肯
Hummer 悍马
Ford 福特
Volvo 沃尔沃
Chrysler 克莱斯勒
Daimler（德国）戴姆勒
Mercedes-Benz 梅赛德斯-奔驰
Disney 迪士尼
(2) 音译加注解。例如：
Enron 安然公司
Appalachian 阿巴拉契亚山脉
Monitor 摩立特集团
Don Jones(New York) 道·琼斯公司

---

[1] 姜增红．新编商务英汉翻译实务．苏州：苏州大学出版社，2010．

二、直译法

在对商务文体中的专有名词、专业术语、简单句或带有修辞方式的语句进行翻译时通常采用直译法。直译法既可保持原文的生动形象,还可丰富汉语的词汇,增加译文的新鲜感。例如:

chain reaction 连锁反应
gentlemen's agreement 君子协定
bull market 牛市

下面再来看一些例句。

Challenge the limits.
挑战极限。(三星电子广告)

Breakfast without orange juice is like a day without sunshine.
没有桔汁的早餐犹如没有阳光的日子。(桔汁广告)

At 60 miles per hour, the loudest noise in the new Rolls-Royce comes from the electric clock.
时速60英里的这种新式"劳斯莱斯"轿车最响的噪音是来自车内的电钟。(劳斯莱斯广告)

三、意译法

由于中英语言存在很大的差异,有时翻译时采用直译法无法将原文的意义传达出来,这时可采用意译法,尽可能忠实地再现原文的内容与风格。例如:

What foreign businessmen find encouraging is that ideology is no longer in the driver's seat.
令外商感到鼓舞的是意识形态不再左右一切了。

原文中 in the driver's seat 意为"负责、掌管",这里可译为"左右一切"。如果根据其字面意思译为"坐在司机旁边",则会让人觉得不知所云。

此外,在翻译商标、商号时也常用意译法。例如:

Plum Blossom 梅花
Playboy 花花公子
White Rabbit 大白兔
Fair Lady 贵妇人
Camel 骆驼(香烟)

Volkswagen 大众汽车
American Standard 美标

四、分译法与合译法

(一)分译法

分译法就是把原句中的单词、短语译成独立的句子,或把原文中的句子译为两个或两个以上句子的方法。在商务文体翻译中使用分译法可以使译文更加简洁、明确、层次分明,符合汉语的表达习惯。例如:

We give 10% discount for cash payment.
如果用现金付款,我方予以 9 折优惠。
Characteristically, Mr. Ronald concealed his feelings and watched and learned.
罗纳德先生不露声色,只是察言观色,心领神会,这是他的特点。
Technology-intensive industries, such as microchip manufacturing and pharmaceuticals, should qualify for unilateral action on the part of the US in anticipation of multinational agreements later on.
技术密集型产业,如微电路芯片制造业和制药业,就应由美国单方面采取行动(予以补贴),然后再争取多国协议的承认。
In Italy, the question of title is further confused by the fact that everyone with a university degree can be called Dottore and engineers, lawyers and architects may also expect to be called by their professional titles.
在意大利,只要有大学学位,任何人都可称为博士,这使得头衔的问题更让人糊涂。工程师、律师和建筑师也要求别人以其职业头衔来称呼他们。
These factors mean that importing and exporting are subject to a lot of formalities, such as customs entry and exchange control approval, from which the home retail and wholesale trades are free.
这些因素意味着进出口贸易受许多手续的牵制,诸如报关和外汇审批。而国内的零售及批发业务则不受此限制。

(二)合译法

合译是指译者根据原文意义的表达需要,将多句译成少句的翻译方法(姜增红,2010)。在商务文体翻译中采用合译法可以保证译文句子意义的完整性,同时避免重复现象的出现,使译文显得紧凑、连贯。例如:

Some road warriors fly commercial aircrafts. Others take the corporate jet. Some pack their own bags. Others keep complete wardrobes in major cities. Some work through the entire plane ride. Others sleep.

一些商务旅游者乘商用飞机出行,另一些则乘公司的飞机;一些背着行囊来来往往,而另一些则在大城市有固定的住所;一些在整个飞行旅途中都在工作,而另一些则在睡觉。

Consular invoices are declarations made at the consulate of the importing country. They confirm the ex-works cost of a consignment.

领事发票是进口国领事馆签发的一种申报书,用来证实一批货物的出厂价格。

五、正反译法

把原文的肯定式表达译为汉语的否定表达方式就是正反译。在商务文体中运用正反译可使译文更加恰当地表达原文的意思,同时符合汉语的用语规范。例如:

Saving is to an individual what profit is to a business.

一个人不能不储蓄,就像一个企业不能没有利润一样。

Both sides thought that the peace proposal was one they could accept with dignity.

双方认为,这个和平建议是一个他们可以接受而不失体面的建议。

Alternatively he may well sell to an export merchant his goods; in this case there is little financial risk for the producer, since the merchant acts as a principal and pays for the goods himself.

他也可以将货卖给出口商,这样生产商基本上不承担经济风险,因为出口商本身就是买主,由他支付货款。

六、重复法

在汉语中,重复十分常见。重复指的是通过对某个词语或句子进行有意识的重复,达到突出明确某种思想、强调某种意义或使文字更生动的目的。在商务文体翻译中,为了保证译文的简练,应尽量省略原文中一些可有可无的词,但是有时根据需要还可重复一些关键的词语。例如:

The delegation will have the opportunity to meet and talk, not only to present, but also to potential new customers as well.

代表团将不仅有机会和现在的客户会晤、洽谈,而且有机会和潜在的新客户会晤与洽谈。

With regard to Contract No. 34 and 54. we agree to D/P payment terms.

关于34号合同和54号合同,我方同意以付款交单为付款条件。

Installation guide and maintenance operation manuals and spare parts list of the purchased machine will be sent to the buyer along with the goods.

所购机械的安装指南、维修手册、操作手册及零部件清单随货发给买方。

此外,英语原文中有时也重复使用一些关键词,以达到强调某种意义或某种情感的目的,译成汉语时可采用重复法。例如:

They would read and re-read the contracts to be signed.

他们往往一遍又一遍地反复琢磨这些待签的合同。

七、不译法

商务文体翻译中的不译法可运用于两种情况中:一是有些词的意义不能从字面上表现出来,其含义已经融入具体的语言环境,翻译时这些词语可以不译;二是有的词汇或者专业术语的知名度很高,不翻译也不会影响读者的理解,这些词语也可以不译。例如:[1]

A Northwest Airlines baggage attendant decided that his personal signature would be to collect all the luggage tags that fall off customers' suitcases, which in the past have been simply tossed in the garbage, and in his free time send them back with a note thanking them for flying Northwest. A senior manager with whom I worked decided that his personal signature would be attaching Kleenex to memos that he knows his employees won't like very much.

西北航空公司一名行李员开创了一项个性化服务,他将所有从乘客箱子上掉落的行李签收集起来(这些在过去都被扔进垃圾箱),闲暇时把行李签寄给乘客,并附上一张便条感谢他们乘坐西北航空公司的飞机。曾与我共事的一位高级经理决定,在给雇员发不怎么受欢迎的备忘录时附上纸巾。

原文中出现了两次personal signature,第一个译为"个性化服务",第二

---

[1] 姜增红. 新编商务英汉翻译实务. 苏州:苏州大学出版社,2010.

个则内化在句义中,没有必要翻译出来。

Please quote us the lowest price CIF New York with a 5 percent commission, and indicate the quantity that you can supply for October shipment.

请报来最低 CIF 纽约价包括 5% 佣金,并说明可供十月份装运的数量。

在商务文体中,CIF 属于专业术语,对专业人士来说无须译成中文。

八、创译法

在商务文体翻译中,有时可不必拘泥于原文的字面意义和文体,译者在充分理解原文的前提下可尽量发挥想象力,将原文主旨创造性地翻译出来,这就是创译法。例如:

Sprite 雪碧
HiSense 海信集团
Kissem 奇士美
Whisper 护舒宝

九、补充译法

补充译法,也称"增译法",指的是在译文中增补一些表示介绍、说明或范畴性的表达方式,以更准确、恰当地表达原文的意义。例如:

Very acute problems exist in our contract.
在我们的合同中还存在着种种尖锐的问题。

The latest type of the TVR system is light, inexpensive and easy to manipulate.
这种最新型的电视录像装置重量轻,价格低,而且操作方便。

Local adaption is made in branding, labeling, and packaging of the company's products before they enter foreign markets.
进入外国市场前,公司对其产品的品牌、商标和包装都重新进行打造,以适应本土化需要。

We should try to urge an ease of tensions between our two companies through negotiation.
我们应该主张通过谈判来缓和我们两家公司的紧张关系。

The license will thus have the right to produce the goods under patent protection by paying an agreed amount of royalty to the supplier, whereby the licenser is obliged to furnish technical information and assistance.

执照持有人在通过向(执照)提供者支付规定数量的专利使用费,得到(某商品的)专利保护后,才有权力生成该商品。而技术提供者则有义务提供技术信息和技术援助。

十、套译法

套译即借用译入语中的某些惯用结构进行翻译,商务广告翻译中常使用套译法。在翻译商务广告时常模仿译入语中现有的谚语、格言、诗句等可产生一种幽默效果,让读者觉得既新颖又亲切,达到了广告宣传的效果。
例如:
Where there is a way for car, there is a Toyota.
车到山前必有路,有路必有丰田车。(丰田汽车广告)
Tasting is believing.
百闻不如一尝。(食品广告)
Easier dusting by stre—e—eth.
拉拉拉长,除尘力强。(除尘布广告)
Familiarity breeds contempt.
亲不敬,熟生厌。(福特公司广告)
One man's disaster is another man's delight!
几家欢乐几家愁!
The sale is now on!
拍卖进行中!

第七章 法律文体翻译研究

近年来,随着依法治国观念的不断深入与我国成功地加入WTO,中国融入世界的步伐逐渐加快,法制现代化进程也日益突现。于是,我国对外法律文化交流越来越多,每年都有大量的法律文献被译成外文,同时也有大量的外国法律文献被译为中文。这就对我国翻译工作者提出了更高要求,为了培养更多专业的法律英语翻译人才,本章将详细探究法律英语翻译的相关问题。

第一节 法律文体语言特点研究

一、词汇特点

(一)常用法律术语

法律术语(terms of legal art)一般只用于法律领域,其词义单一、表达准确,不带有任何感情色彩,非常符合法律语言精密、明确、用法固定等特点。[①]例如:
alibi 不在犯罪现场
agent 代理人
appeal 上诉
bigamy 重婚罪
bail 保释,保释金
conveyance 财产转移/转让

---

① 张法连.法律英语翻译.济南:山东大学出版社,2009.

common counts 普通罪
discovery 取证
defendant 被告
homicide 杀人者
intestate 未留遗嘱的死亡者
lien 留置权,抵押权
surety 担保人
verdict 裁决
voir dire 忠实回答宣誓,预先审查

(二)常用法律行话

　　行话(argot)是普遍适用于某一团体的特定词语。"行话"与"术语"均是专业性的词语,但二者的规范程度不同。"术语"属于规范性的专业用语,比行话更适合于书面文件。"术语"既可对内用于从事同一行业的人中,又可对外用于普通民众中。而"行话"则可称作"专业性的俚语",且完全是对内使用的。① 例如:

abet 教唆
alleged 被指控/指控的
aid and comfort 支持和帮助
alter ego 他我,另一个自我
breaking and entering 破门侵入
clean hands 清白的
court below 下级法院
case 案件
due care 应当的注意
day in court 出庭日
damages 赔偿金
due process of law 法律正当程序
general counsel 首席法律顾问
grandfather clause (新颁法律中的)不追溯条款
issue of fact 事实上的争论点
insider trading 秘密交易
inferior court 下级法院

---

① 卢敏. 英语法律文本的语言特点与翻译. 上海:上海交通大学出版社,2008.

latent defect 隐蔽的缺陷
meeting of the minds 意见一致
negotiable instrument 流通票据
process 传票
quash 撤销；废止
record 诉讼记录
sidebar 兼职律师
sole and unconditional owner 完整并且无条件的所有人
without prejudice 不使合法权利受到损害
will and malicious act 故意恶意的行为[①]

(三) 常用正式词汇

为了充分体现法律文本的严肃性，法律英语还会追求措辞的严谨和庄重，于是大量的正式词汇频繁出现于法律英语文本中。[②] 例如：

adjourned sine die 无限期押后
adjudicate 裁决
came on for hearing 出庭聆讯/听证/听讯
heard and determined by sitting 开庭聆讯及裁定
termination 终止
whereas 鉴于
without prejudice 在不影响/损害……情况下

(四) 常用古英语

孙万彪指出，古英语是公元 1100 年以前的英语，中古英语是公元 1100 年至 1500 年间的英语。尽管法律语言追求"简明化"，但对于有着规范性、严肃性的法律语言来说，其在措辞上仍沿用着正式、刻板的风格。又受历史因素的影响，法律英语中仍频繁使用古英语词汇。[③] 例如：

aforementioned 前面提到过的，前述的
aforesaid 如上所述的，上面提到的
belike 大概，或许
foregoing 前面的，前述的

---

① 李克兴. 法律翻译理论与实践. 北京：北京大学出版社，2007.
② 陈建平. 法律文本翻译探索. 杭州：浙江大学出版社，2007.
③ 同上.

haply 偶然地，碰巧地
hereafter 此后
hereby 特此
hereof 在本文（件）中；关于这个
herewith 与此一道
hereinabove 在上文
saith 说（第三人称单数现在时）
thence 从那里；所以，因此；之后
thereto 又；及
to wit 即，就是
verily 真正地，肯定地；忠实地
whensoever 无论何时
whereby 借此
whereas 然而，尽管
wherefore 为此，因此
whilst 直到
wroth 激怒的，愤怒的[①]

（五）常用模糊词语

总体上讲，法律语言要求表达清晰、准确无误，法律写作者必须避免含糊不清或模棱两可的词语。但是，为了实现法律语言精确简洁的目标，在有些情况下还必须使用一定的模糊词语，用以表达一些需要模糊或灵活的法律事实或概念。[②] 例如：

apparently 显然地
adequate 适当的
compelling 强制的
clear and convincing 明确并令人信服的
duly 正当地；充分地；适当地
excessive 额外的
incidental 非主要的，附带的
inconsequential 不重要的；无足轻重的
malice 蓄意，恶意

[①] 卢敏．英语法律文本的语言特点与翻译．上海：上海交通大学出版社，2008．
[②] 李克兴．法律翻译理论与实践．北京：北京大学出版社，2007．

negligence 过失
reasonable man 理性的人
related 相关的
similar 类似的,相似的
soon 不久;很快
satisfactory 符合要求的
virtually 事实上;实际上

(六)常用拉丁单词和短语

13 到 14 世纪教会统治的欧洲国家"拉丁语垄断了两个世纪的语言",随后拉丁语依旧作为法律文本语言被使用着。英语国家的人们,特别是从事法律研究的学者,将拉丁语看成是高深学问的基础。因此,对于学习法律的人来说,学习拉丁语就显得非常必要。例如:

affidavit 誓章,证词
bona fide 真诚
habeas corpus 人身保护令
prima facie 表面的
versus 对,诉讼

(七)常用法语词

由于英国曾在很长一段时间里受控于法国,所以法律英语词汇很多都来源于法语词。例如:

古法语词语	含义相当的英语	汉译
alien	to transfer	转让
color	reason, pretext	假托;借口
cy pres	as near as possible	近似原则
demur	not to agree	抗辩,反对
issue	progeny	子女,后嗣
malfeasance	wrongdoing	滥用职权
oyes	hear ye!	肃静
remise	to give up	让与
style	name	称谓
tort	a wrong or injury	侵权

(八) 常用成对近义词

法律英语中使用成对近义词可以体现法律语言的严肃性和准确性,保证了整个含义的完整、准确。例如:

rights and interests 权益
terms and conditions 条款
by and between 由……并在……之间
cover and include 包括
sole and exclusive 单一
each and every 各自
sign and issue 签发①

(九) 常用规约性情态动词

立法主要是为了借助法律法规来约束和规范人们的行为,确定公民的权利与义务。而法律法规的规范性就是通过法律语言实现的。法律语言具有法律效力,能带来法律效果,包括颁布、废止、修改、命令、授权、禁止、判决等。这些指令性、承诺性和宣告性的语言多使用情态动词来表达,如 shall, may, should 等。例如:

In the case of pollution damage to the marine environment resulting entirely from the intentional or wrongful act of a third party, that party shall be liable for compensation.

若完全是由于第三者的故意或过失造成污染、损害海洋环境的,由第三者承担赔偿责任。

二、句法特点

(一) 常用陈述句

由于法律语言是用于规定权利义务和法律后果、陈述案件事实或确认法律关系等活动的,所以陈述句在法律英语中非常多见。例如:

The Arbitration Commission has one honorary Chairman and several advisers. The Chairman performs the function and duties vested by these Rules and the Vice-Chairman may perform the Chairman's function and

---

① 陈可培,边立红. 应用文体翻译教程. 北京:对外经济贸易大学出版社,2012.

duties with Chairman's authorization.

仲裁委员会设名誉主席一人,顾问若干人。主席履行本规则赋予的职责,副主席受主席的委托可以履行主席的职责。

The lawful civil rights and interests of citizens and legal persons shall be protected by law; no organization and individual may infringe upon them.

公民、法人的合法民事权益受法律保护,任何组织和个人不得侵犯。

(二) 常用完整句

法律语言的准确性和严密性决定了其句子的完整性。所谓完整句,是指主语、谓语都具备的完整句子。例如:

"Invention" in the Patent Law means any new technical solution relating to a product, a process or an improvement thereof. "Utility Model" in the Patent Law means any new technical solution relating to the shape, the structure or their combination, of a product, which is fit for practical use. "Design" in the Patent Law means any new design of the shape, pattern, colour or their combination, of a product, which creates an aesthetic feeling and fits for industrial application.

专利法所称发明,是指对产品、方法或者其改进提出的新的技术方案。专利法所称实用新型,是指对产品的形状、构成或者其结合所提出的适于实用的新的技术方案。专利法所称外观设计,是指对产品的形状、图案、色彩或者其结合所做出的富有美感并适合于工业上应用的新设计。

(三) 常用长句

为了保证法律的准确性和严密性,法律语言中还多使用复杂的长句以避免立法上的漏洞。例如:

A Member may provide that any request made under this Section in connection with the use or registration of a trademark must be presented within five years after the adverse use of the protected indication has become generally known in that Member or after the date of registration of the trademark in that Member provided that the trademark has been published by that date, if such date is earlier than the date on which the adverse use became generally known in that Member, provided that the geographical indication is not used or registered in bad faith.

成员方可规定,在本节下就一商标的使用或注册提出的任何请求必须在对该受保护的标记的不利使用已在该成员方境内被普遍知晓之后五年内提出,或者,如果商标在一成员方境内的注册日期早于上述不利使用在该成员方境内被普遍知晓的日期,且如果该商标在其注册之日前已被公告,则必须在该商标在该成员方境内注册之日后五年内提出,前提是该地理标记未被恶意地使用或注册。

Some academics, whilst accepting that terms like ratio decidendi and obiter dicta are used in judgments, and whilst accepting that at least some judges think they construct their judgments, on the basis of ratio and obiter in previous judgments, believe that important influences on decisions made by judges are to found in the nature of matters such as the social background of judges, the economic circumstances of the time or even the very nature of language itself.

有些学者,虽然接受在判决中使用如"判决依据"和"附带意见"这些术语,虽然承认至少有些法官认为他们是根据先前判决的"判决依据"和"附带意见"做出判决的,但认为影响法官判决的重要因素应从事情本身的特征,如法官的社会背景、当时的经济环境甚至语言本身的特征中去发现。

Each Party hereby agrees to indemnify, hold harmless and defend the other Party from and against any and claims, suits, losses, damages and disbursements(including legal and management costs) arising out of any alleged or actual breach or failure to company with the terms and conditions hereof including but not limited to any infringement of the other Party's intellectual property or other rights occurring as a result of the offending Party's fault, omission or activities in connection with the Project.

各方谨此同意,因一方被指控违反、实际违反或未遵守本协议条款和条件,包括但不限于由于违约方与项目有关的过错、不作为或活动导致对另一方的知识产权或其他权利的侵犯,而引起的任何和所有索赔、诉讼、损害和支出(包括律师费和管理费),该违约方须向另一方做出赔偿,使另一方免受损害,并为其进行抗辩。

(四)常用从句

(1)主语从句。法律英语文本经常出现用 it 作形式主语的主语从句,以体现法律语言的客观性。例如:

It is hereby agreed that Party B shall have no obligation to pay for the costs of such training.

双方特此协议,乙方不负担此类培训费用。

It is agreed that a margin of 2 percent shall be allowed for over or short count.

双方同意,允许的数量误差为±2%。

(2)定语从句。使用定语从句可以使法律文本的意义更加清晰明确,排除误解的可能性。例如:

As a lawyer, your goal is to convert the facts from your client's narrative into a legal claim that states a cause of action, or into a viable defense to plausible legal claims.

作为一名律师,你的目的就是将当事人之陈述变为表明案由的合法要求,或变为对似乎可能的合法要求的活的辩护。

Questions concerning matters governed by this convention which are not expressly settled in it are to be settled in conformity with the general principles on which it is based or, in the absence of such principles, in conformity with the law applicable by virtue of the rules of private international law.

凡本公约未明确解决的属于本公约范围的问题,应按照本公约所依据的一般原则来解决,在没有一般原则的情况下,则应按照国际司法规定适用的法律来解决。

(3)条件状语从句。法律英语的正式条文中,一般仅使用有条件的、符合逻辑推理的、能出现或产生真实结果的条件状语从句。例如:

In our judicial procedure, if a party concerned contests the court's decision of first instance, he may file and appeal to the court at the next higher level.

在我国审判程序中,如果当事人一方不服初审法院的判决,可以向上一级法院提出上诉。

If any of the above-mentioned Clauses is inconsistent with the following Additional Clause(s), the latter is to be taken as authentic.

以上任何条款如与以下附加条款有抵触时,则以以下附加条款为准。

(五)常用被动句

为了突出法律条文的客观性、原则性和效力,法律英语中还多用被动句。例如:

An agreement it typically reached when one party(the offeror) make an offer and the other party(offeree) accepts it.

当一方(邀约人)做出邀约,而另一方(接受邀约人)接受邀约时,双方就达成了一个典型的协议。

Adequate food and refreshment will be supplied free. You are not entitled to receive from anything outside except the basic necessities of clothing. However you may, if you request, be permitted at your own expense to have food from outside to be brought to you subject to inspection.

免费供应足够的食物和茶点。不得接受外来的任何物品,必要的衣物除外。但经本人申请,可获准在监督下自费接受外来食品。

The organs of self-government of the national autonomous areas have the power of autonomy in administering the finances of their areas. All revenues accruing to the national autonomous areas under the financial system of the state shall be managed and used independently by the organs of self-government of those areas.

民族自治地方的自治机关有管理地方财政的自治权。凡是依照国家财政体制属于民族自治地方的财政收入,都应当由民族自治地方的自治机关自主地安排使用。

The validity of an arbitration clause or an arbitration agreement shall not be affected by the modification, rescission, termination, invalidity, revocation or non-existence of the contract.

合同的变更、解约、终止、无效、撤销或遗失,均不影响仲裁条款或仲裁协议的效力。[1]

(六)常用名词化结构

名词化是指词性用法的名词性转换,包括起名词作用的非谓语动词、与动词同根或同形的名词、由形容词转化而来的名词等。名词化结构既具有名词的作用,又可以表达动词或形容词所要表达的内容,且常伴有修饰或附加成分,形成名词性短语。法律文本中的名词化结构可以使行文流畅、简洁,表达客观、精确。[2] 例如:

The calculation mentioned in the last sentence of paragraph 1 of this Article and the conversion referred to in paragraph 3 of this Article shall be made in such a manner as to express in the national currency of the Contracting State as far as possible the same real value for the amounts in Article 18 as is expressed there in units of account.

---

[1] 魏海波. 实用英语翻译. 武汉:武汉理工大学出版社,2009.
[2] 全国统一考试委员会. 法律英语翻译教程. 北京:中国法制出版社,2009.

按本条第 1 款最后一句的规定进行计算和本条第 3 款的规定进行换算,以一缔约国的本国货币表示第 18 条所述数额时,其实际价值应尽可能与第 18 条所述计算单位表示的实际价值相等。

The State protects socialist public property. Appropriation or damaging of State or collective property by any organization or individual by whatever means is prohibited.

国家保护社会主义的公共财产,禁止任何组织或个人用任何手段侵占或者破坏国家和集体的财产。

If two or more applicants apply for registration of identical or similar trademarks for the same kind of goods or similar goods, the trademark whose registration was first applied for shall be given preliminary examination and approval and shall be publicly announced; if the applications are filed on the same day, the trademark which was first used shall be given preliminary examination and approval and shall be publicly announced, and the applications of the others shall be rejected and shall not be publicly announced.

两个或者两个以上的申请人,在同一种商品或者类似商品上,以相同或者近似的商标申请注册的,初步审定并公告申请在先的商标;同一天申请的,初步审定并公告使用在先的商标,驳回其他人的申请,不予公告。

The distinction between the two modes of acquisition of property rights is important in the light of the almost universal maxim of property law that no one can transfer a greater right than one has.

根据财产法的通用准则——任何人都不得转让超越自己权限的财产,来区别两种财产取得的方式是非常重要的。

(七)常用插入语

法律英语中多使用插入语,或对句意做补充说明,或在不影响主语突出的情况下对插入成分进行强调,不致使句子因相关并列成分而出现歧义。[1]例如:

The parties may exclude the application of this Convention or, subject to Article 12, derogate from or vary the effect of any of its provisions.

有关当事人可以不适用本公约,或在第十二条的条件下,减损本公约的任何规定或改变其效力。

---

[1] 徐章宏. 法律英语写作教程. 北京:对外经济贸易大学出版社,2007.

Substantive due process reaches the situation where the deprivation of life, liberty, or property is accomplished by legislation, which can, even if given the fairest procedure, destroy the enjoyment of all three of these rights.

实体法上的正当法律程序对那些以立法手段完成剥夺生命、自由或财产的情况发生作用,而这些情况即使有最公平的程序法的规定,也能够破坏这三种权利的享受。①

(八)常用一般现在时

法律文本通常是由法律专业人员按照固定的程式写成的条文,因此在阐述道理、确定规范或权利义务时多采用一般现在时态。例如:

A joint venture has the right to do business independently within the scope of the provisions of Chinese laws, decrees, and the agreement, contract and articles of association of the joint venture.

在中国法律、法规和合营企业协议、合同、章程规定的范围内,合营企业有权自主地进行经营管理。②

三、篇章特点

程式化是法律篇章的最大特点。法律文本是一种极为正式的文本,对篇章的结构有着严格的要求,且不同类型的法律文本有不同的格式,这些格式是法律从业者在长期的运用中逐渐形成的,所以在书写法律文书和翻译法律文本的过程中都必须按照这些格式进行。下面是一个民事诉讼状的案例,从中我们可以清晰地看出法律篇章程式化的特征。

Appeal Petition
Case No.:_____
Cause of Action:_____
Appellant(Defendant in the first-instance trial):_____
Domicile:_____
Legal Representative:_____
Position:_____
Appellee(Plaintiff in the first-instance trial):_____

---

① 肖云枢. 法律英语语法特点初探. 外语教学,2000,(4).
② 陶品芳. 法律英语的语法特点. 山西省政法管理干部学院学报,2000,(3).

第七章 法律文体翻译研究

Domicile：_____

Legal Representative：_____

Position：_____

Appellant hereby files an appeal from the Civil Judgment with the number _____ ("the Judgement") issued by _____ People's Court of PRC with regard to the sales contract dispute of _____ Company vs. _____ Company.

Claim of the Appeal：

1. To reverse the Judgment and remand the case for retrial or to amend the Judgment；

2. To order the cost to be borne by the _____ .

Facts and Reasons：

1. …

2. …

3. …

In conclusion, the facts as set out in the Judgment are not clear and the evidence is not ample and the judgment is void of necessary legal basis. By reason of the forgoing, Appellant hereby files an appeal for unbiased and fair trial.

Appellant：_____

Date：_____

该例是法律上诉书的固定格式，主要内容包括上诉人、被上诉人、上诉请求、事实与理由等。[①]

第二节 法律文体翻译原则研究

一、准确性原则

法律文本的严肃性决定了其翻译应遵循准确性原则。准确性原则也是法律文本翻译的最根本原则。法律文本翻译中如果出现一点差错

---

① 陈可培，边立红．应用文体翻译教程．北京：对外经济贸易大学出版社，2012.

或不确定性,哪怕是非常微小的错误,都可能带来经济上、政治上的巨大损失,产生严重的后果。因此,法律文本翻译首先必须遵循准确性原则。例如:

The Seller shall present the following documents required for negotiation to the banks.

卖方必须将下列单据提交银行进行议付。

该例一般出现在支付条款中,句中的 negotiation 已经用作法律专业词汇,所以不可翻译成"洽谈"或"谈判",而要翻译成"议付"。

Damages for breach of contract by one party consist of a sum equal to the loss, including loss of profit, suffered by the other party as a consequence of the breach.

一方违约的损害赔偿金包括因其违约而使另一方遭受损失的金额,含利润损失。

作为一个普通词汇,damages 的含义是"损害、损失",但放在法律文本中则应属于法律名词,意为"损害赔偿金、损害赔偿"。

The balance shall be settled upon the arrival of the goods at the port of destination.

货到目的港后即行付清余款。

句中的 upon the arrival 如果简单地译为"后",显然不够明确,容易使不法商人有可乘之机,故这里应加上"即行"两字,以使译文更加精确。

二、清晰简明性原则

如果法律条文翻译得模棱两可、含糊其辞,那么这些条文不但不会被执行,甚至可能成为法律陷阱。因此,法律文本翻译必须遵循清晰简明性原则,这一原则体现在词语的清晰和句式的清晰上。

(1)词语的清晰简明。要保证法律翻译中词语的清晰简明性,译者应尽量避免使用拖沓累赘之词,尽量使用一些简洁的词语来代替这些繁琐之词,如用 about 或 concerning 代替 with reference to, approximately;用 by 或 under 代替 in accordance with;用 clear 代替 transparent;用 end 代替 terminate;用 for 或 under 代替 for the purpose of;用 lack 代替 unavailability;用 late 代替 in arrears;用 rest 代替 remainder;用 under 代替 under the provisions of 等。再如:

If any person over the age of 16 years who has the custody, charge or care of any child or young person under that age willfully assaults, ill-treats, neglects, abandons or exposes such child or young person… such person shall be guilty of an offence…

任何超过 16 岁而对不足该年岁的儿童或少年负有看顾、照看及照顾责任的人,如故意袭击、虐待、疏忽、抛弃或遗弃该儿童或少年……也属犯罪。

例中的 custody,charge,care 意思相近,但又存在一定的不同,故翻译时要特别注意。其中 custody 含有"法律上的抚养权、看顾"之意;charge 指"带领、照看、负责";care 指"照顾"。

Taxation shall comprise all forms of taxes, including without limitation income tax, capital gains tax, stamp duty, tariffs, import and export duties, impositions, and all fines, fees and rates collected by the taxation authority and other competent authorities.

税收包括各种形式的税项,包括但不限于税务局和其他主管部门征收的所得税、印花税、资本税、关税、进出口税、各种征税及一切罚金、手续费和地方税。

例中的税种表示不同性质的税收,故要一一译出,且要保证用词的清晰简明。

(2)句式的清晰简明。法律英语句式具有结构简单、表意清晰的特点。因此,在翻译成目的语时译者还要考虑到句式的清晰简明。例如:

The law holds that the individual is responsible for his acts. The law also indicates what is good and right, and what may and should be done. It also indicates what is evil and wrong, and should not and may not be done. The law further holds that what is evil and wrong is a crime and may not be done, and if done, renders the doer liable to punishment. The law also recognizes the principle that man has free will and that, with certain exceptions, he exercises free will in commission of any crime that he may commit.

法律认为公民应对自己的行为负责。法律还规定什么是美好的和正确的,规范了什么是邪恶的和错误的,法律还进一步明确规定哪些邪恶的和错误的事是不能做的犯罪行为,如果某人做了这样的事,那么该行为人就要受到惩罚。同样,法律还承认这样一个原则,每个公民除犯罪自由外都具有自由意志,如果某人在各种违法活动中实施其自由意志,那么他就可能触犯法律。

该例原文共包含五个句子,句首简洁明了,后面的句子长度逐渐增加,但没有过长的句子,且每个句子均是"名词+动词+直接宾语"的结构。在翻译过程中,译者采用了正式的法律术语,且对句式进行了适当的调整,将原来的五个句子合并成两个句子。该例译文做到了清晰简明。

三、前后一致性原则

法律文本翻译的前后一致是指在翻译过程中要始终使用同一法律术语表示同一法律概念。例如：

You can't serve drinks to minors. You should know that a person, such as a minor has a right under the authority of a guardian.

你不能卖酒给儿童，你应该知道一个未成年人的权利是受监护人管辖的。

仅看译文，读者会觉得非常顺畅，但如果对照一下原文可以发现，minor一词被翻译成了两种含义"儿童"和"未成年人"。根据法律文本翻译的前后一致原则，这里应将其统一译成"未成年人"。

四、语言规范化原则

要使翻译中目的语的语言更加规范，译者应采用一定的专业术语进行翻译。例如：

The burden of proof rests with the defendant.

举证责任由被告承担。

原文中的 burden of proof 一词如果被简单地翻译成"证明的负担"会显得很不规范，故应将其译为"举证责任"。

The Vendor shall procure that the Purchaser acquires good title to the Shares free from all charges, lines, encumbrances and claims whatsoever.

卖方应保证买方获得好的题目，且该股份不带任何押记、留置、负担、权益和主张。

原文中 good title 一词是指法律上有效的所有权或无可争辩的所有权，因此译者将其译为"题目"是不正确的。结合法律文本翻译的规范化原则，这里可将其译为"不容置疑的所有权"。①

---

① 全国统一考试委员会．法律英语翻译教程．北京：中国法制出版社，2009．

第三节　法律文体翻译方法研究

一、直译法

由于法律文本强调文体的庄重性和语言的严谨与严密，所以为了保留这些特征就应该采用直译的翻译方法。例如：

All States have the duty to contribute to the balanced expansion of the world economy, taking duly into account the close interrelationship between the well-being of the developed countries and the growth and development of the developing countries, and the fact that the prosperity of the international community as a whole depends upon the prosperity of its constituent parts.

所有国家有义务对世界经济的均衡发展做出贡献，要适当考虑到发达国家的福利同发展中国家的增长和发展之间的密切关联，并考虑到整个国际社会的繁荣依赖于其组成部分的繁荣。

二、重复法

为了清楚地表达法律条文和规则，避免产生歧义，法律文本翻译还经常采用重复法。例如：

In any arbitration proceeding, any legal proceeding to enforce any arbitration award and in any legal action between the Parties pursuant to or relating to this Contract, each Party expressly waives the defense of sovereign immunity and any other defense based on the fact or allegation that it is an agency or instrumentality of a sovereign state. Any award of the arbitrators shall be enforceable by any court having jurisdiction over the Party against which the award has been rendered, or wherever assets of the Party against which the award has been rendered can be located, and such award shall be enforceable in accordance with the "United Nations Convention on the Reciprocal Enforcement of Arbitral Awards (1958)" (except where reservations are made by the PRC).

在根据本合同进行或与本合同有关的双方之间的任何仲裁程序中,在为执行根据本合同进行或与本合同有关的双方之间的任何仲裁裁决的任何法律程序中及在根据本合同进行或与本合同有关的双方之间的任何法律诉讼中,每一方明示放弃以主权国豁免权为理由的任何其他辩护。仲裁员的任何裁决应可由对败诉方行驶管辖权或对败诉方资产所在地行使管辖权的任何法院执行,同时也按照《(1958年)联合国承认及执行外国仲裁裁决公约》(但中国声明保留的除外)执行。

三、词类转换法

词类转换是法律文本翻译中最常用的方法之一,是突破原文词法、句法、格局,使语言畅达的有效办法。当然,采用词类转换法时应遵循一定的原则,即保证不违背原文的意思。例如:

By signing in the space indicated below and returning a signed copy to the undersigned, you signify your acknowledgment of the above points 1 to 6, and undertake that ABC Company will not interfere with, or object to, the registration and use of our "ICL(Stylised)" trademark(Reg. No. 947824) or our corresponding trademark "ICL(Plain Letters)" in the PRC in respect of the designed services.

贵方通过在以下所示位置签署并将已签署的副本交回我方,表示贵方认知以上第1至第6点,并且承诺ABC公司将不会妨碍或反对我方的中国就指定服务注册和使用"ICL(艺术体)"商标(注册号:947824)或我方相应的"ICL(普遍字母)"商标。

The rights conferred upon the respective parties by the provisions of this Clause are additional to and do not prejudice any other rights the respective parties may have.

本条款规定赋予各方的权利,是对各方可能享有的其他权利的补充,而不是损害。

This agreement is subject to the approval of the examination and approval authority before it shall become effective.

本协议须经审批部门批准后方能生效。

四、增补法

增补即在原文字面含义的基础上添加必要的单词、词组或句子,以使译文在语法、语义、语言形式上更符合原文的实际含义,并使译文的意思表达得更完整、严谨、清晰。尽管增补法看起来增加了原文字面中没有的含义,但实际上却是忠实了原文,保证了译文的质量。例如:

Notwithstanding the foregoing, a Party hereby waives its preemptive right in the case of any assignment of all or part of the other Party's registered capital to an affiliate of the other Party.

尽管有上述规定,如果一方将其全部或部分注册资本转让给一家关联公司,另一方则在此放弃其优先购买权。

五、省略法

省略法就是删去句中可有可无的词,或摒弃一些机械照搬而显得累赘或违背译文表达习惯的词语。例如:

Whoever commits arson, breaches a dike, causes explosion, spreads poison or uses other dangerous means to sabotage any factory, mine, oilfield, harbor, river, water source, warehouse, house, forest, farm, thrashing grounds, pasture, key pipeline, public building or any other public or private property, thereby endangering public security but causing no serious consequences shall be sentenced to fixed-term imprisonment of not less than three years but not more than ten years.

放火、决堤、爆炸、投毒或者以其他危险方法破坏工厂、矿场、油田、港口、河流、水源、仓库、住宅、森林、农场、谷场、牧场、重要管道、公共建筑物或者其他公私财产,危害公共安全,尚未造成严重后果的,处3年以上10年以下有期徒刑。

六、调整语序法

调整语序可以使译文的表达更符合原文,译文的意思更加清晰。语序调整是指改变原文中词语的顺序,按照译语的表达习惯,按时间的先后、逻辑关系将源语的顺序进行调整,有时甚至可以全部打乱,重新排列。例如:

The Company will retain its full power and authority to use such inventory and assets and to continue to conduct its business after the transfer of the Purchased interest and will not violate any PRC laws and regulations.

本公司将保留使用上述存货和资产以及在转移购买权益后继续经营其业务的充分权利和授权,并且不会违反任何中国法律和条例。

Any clause, covenanter agreement in a contract of carriage relieving the carrier or the ship from liability for loss or damage to, or in connection with, goods arising from negligence, fault or failure in duties and obligations provided in this article or lessening such liability otherwise than provided in these rules shall be null and void and no effect.

运输契约中任何条款、约定或协议，凡解除承运人或船舶由于疏忽、过失或未履行本条款规定的责任和义务，而引起货物或关于货物的丢失或损害责任的，或在本公约外减轻这种责任的，都应作废或无效。

七、长句拆译法

英语法律文本中存在较多信息量较大的长句，翻译时，如果不能理清各个句子的复杂关系就不可能译得正确、通顺、自然。因此，翻译长句时应考虑使用拆分法，即切断原文句子，化长为短，或者将原文拆散，重新组织。例如：

Although there is still room for improvement in terms of legal and regulatory frameworks to govern areas such as crimes in cyberspace and Internet related intellectual property rights, it is hoped that an increasing use of digital signature contracting, enforceable electronic records and e-cert (encipherment) encrypted communication all under the Electronic Transactions Ordinance, will see the Ordinance as it now applies to cyberspace and the Code (albeit only disciplinary) helping to bring a regulated environment conducive to the smooth development of the best in e-commerce which will give Hong Kong the competitive edge.

尽管某些范畴（例如计算机世界罪行以及与互联网有关的知识产权权益）的法律和监管架构仍有改进的余地，但笔者仍寄希望，随着人们日渐频繁地根据《电子交易条例》而以数码签署订立和约、使用可予强制执行的电子纪录以及进行经电子证书加密的通讯，现时适用于计算机世界的《条例》及（纵使只属纪律性质的）《守则》将有助营造妥受监控的环境，让最佳的电子商贸得以在香港顺利发展，从而提升香港的竞争力。

第八章 科技文体翻译研究

随着科学技术的不断发展,科学技术成果日新月异,国际学术交流也在不断深化,科技英语越来越受到大家的重视。科技英语的重要性日渐突出,科技英语翻译的重要性也不断凸显。科技英语具有用词严谨准确、专业等特点,这些为科技英语翻译带来不小的挑战。本章就从科技文体的语言特点、翻译原则以及翻译方法三个方面对科技英语翻译进行分析。

第一节 科技文体语言特点研究

科技英语文体不同于其他文体,其词汇、句法以及文体都具有鲜明的特点,这些语言特点对于科技英语文体的翻译至关重要。本节就对科技文体的语言特点进行分析研究。

一、词汇特点

(一)多用专业词

科技英语文体中使用的很多词汇具有很高的专业性,这些专业词在其他文体中使用很少。这些词汇的词形一般都比较长,且多来源于拉丁语、法语等。例如:

biochip 生物芯片
elastin 蛋白质
superchonductivity 超导性
noepinephine 新肾上腺素
ophthalmology 眼科学
excoriation 表皮脱落

biomimetics 仿生材料学
seismograph 地震仪

(二)常用类比词

在科技英语中有很多比较抽象化的词,其专业性较强,且使用的领域比较小,其意义不容易被人们所理解,因此为了使一些复杂的概念能够直观地表现出来,多用类比性的事物为其命名。例如:

arm crane 悬臂式起重机
cable crane 缆式起重机
locking dog 制动爪
adjustable dog 可调行程限制器
watchdog 密码识别软件
column/pillar crane 塔式起重机

(三)多用缩略词

科技英语文体语言简洁明了,但因为其专业性较强,因此经常会使用一些比较复杂的词。为了便于阅读,经常使用这些词的缩略形式,这就使得科技英语文体中缩略词的使用比较普遍。例如:

SALT—strategic arms limitation 限制战略武器会谈
CT—computerized tomography 电脑断层摄影(照相术)
ECG—electrocardiogram 心电图
SOS—save our ship/souls 国际紧急求救信号
taikonaut—taikong+astronaut 航天员
telex—teleprinter+exchange 电传
transistor—transfer+resistor 晶体管
comsat—communication+satellite 通讯卫星
telecom—telecommunication 电信
lab—laboratory 实验室
phone—telephone 电话
quake—earthquake 地震

除了上述的几种缩略词以外,科技英语中还常使用一些工程技术符号来代替一些固定的内容或表达,如表 8-1 所示。

表 8-1 常用工程技术类符号的写法和读法

符号	示例	读法
.	3.14159	three point one four one five nine
+	$u+v$	u plus v
%	0.4%	zero point four percent
4	10^4	ten to the power four; ten to the fourth power
/	20km/h	twenty kilometers per hour
:	2:1	two to one

(资料来源:段平,1998)

(四)常用半专业词

所谓的半专业词,指的是那些既在科技英语文体中使用,又经常在日常文体中出现的词汇。这些词比专业词的应用范围广,在很多领域都可以通用,且其意义会随着专业领域的不同而发生变化。例如:

	普通词汇	半技术词
humor	幽默	汁液、体液(生物学)
pupil	学生	瞳孔(解剖学)
splash	飞溅	安非他命(医学)
plate	盘子	极板(电子学)
		板层(地质学)
		假牙床(医学)
element	因素	小分队(军事)
		音素(语法)

(五)多用复合词

复合词是由两个简单的词素构成的新词。复合词在写法上比较随意,两个词之间有的可以加连词符,有的则可以不使用连词符。例如:

salt-former 卤素

hot-press 热压

cross-breed 杂交

to mass-produce 大批量生产

fallout 放射性尘埃
thunderstorm 雷暴
sunpot 太阳黑子

二、句法特点

(一)多用虚拟语气与祈使句

科技英语中涉及到的科学研究比较多,且这些科研项目一般都以某种假设为出发点,科学研究具有一定的未知性,因此对于这种假设的叙述多使用虚拟语气和祈使句。例如:

If there were no frictional losses in a machine, the machine would be 100 percent efficient.

机器如果没有摩擦损失,其效率就是100%。

Were there no voltage in a conductor, the flow of electrons would not take place.

如果导体内没有电压,电子就不能在里面流动。

You must put on a lab coat to protect you eyes.

穿上实验服,保护好自己的眼睛。

(二)频用修饰语

科技英语描述的对象以及现象都比较复杂,因此需要使用较多的修饰语才能将现象或问题描述清楚,这些修饰语大多是从句、不定式或短语。多用修饰语也成为了科技英语文体的一大特点。例如:

Hydrogen is a chemical fuel that is clean and smokeless when burned.

氢是一种干净的化学燃料,燃烧时无烟。

Work is the product of the force and the distance in the direction of the force.

功等于力乘以在力方向上的距离的积。

Ordinary movements would be impossible without friction available.

如果没有摩擦力,常见的活动就不可能进行。

For small motors, a squirrel-cage rotor is used.

有些小型的电动机使用鼠笼式转子。

(三)常用被动语态

科技文体往往是对客观事物及其发展规律的描述。科技活动、科学实验、科研发明,通常无需表明具体的行为实施者,因此被动语态在科技文体中的使用就很频繁。例如:

Loss of efficiency in the boiler will be caused by the dissipation of heat through the walls of the combustion chamber.

热量通过燃烧室的壁散失掉,将引起锅炉效率降低。

The robot sifter has been put into use.

自动筛机已投入使用。

Matter is transported in circulatory system.

循环系统输送物质。

Instructions are executed in the sequence they are stored in memory.

指令的执行是按照其在存储器中的储存顺序进行的。

(四)多使用名词化结构

伦道夫·夸克(Quirk,1972)等人在《当代英语语法》(*A Grammar of Contemporary English*)中指出,大量使用名词化结构是科技英语的特点之一。[①] 科技英语行文简洁客观、内容准确且信息量大,因此写作者常将动词或者形容词抽象为其相应的名词化形式来使用。例如:

Archimedes first discovered the principle of displacement of water by solid bodies.

阿基米德最先发展固体排水的原理。

There is a universal tendency of every body to move towards every other body.

每个物体都要向其他任何一个物体移动,这是一个普遍存在的倾向。

Rectification of this fault is achieved by insertion of a wedge.

插入一个楔子,就能校对这个误差。

The rotation of the earth on its own axis causes the change from day to night.

地球绕轴自转引起昼夜的变化。

Television is the transmission and reception of images of moving objects by radio waves.

---

① 田传茂.大学科技英语.武汉:湖北科学技术出版社,2007.

电视通过无线电波发射和接受活动物体的图像。

Over five centuries have passed and only now has technology caught up with da Vinci's dream by the development of advanced helicopter theory.

5个多世纪过去了,直到现在,我们研发了先进的直升机理论后,工艺技术水平才赶上了达·芬奇的设想。

The difficulty in measuring smoke's outdoor dispersion has led NIST analysts to simulate the problem mathematically.

由于测量油烟在室外消散遇到困难,NIST 的分析员们用数字模拟法处理这问题。

(五)频用复杂长句

复杂概念的描述往往需要使用长句才能叙述清楚、严密,造成英语句子复杂的主要原因是英语句子复杂的结构,不仅并列成分多,而且多使用一些短语和修饰语。例如:

As the lights dim in parts of the nation because of an energy shortage. the model for supplying clean and abundant electricity in the 21st century can be found at a Portland sewage plant where methane collected from decomposing waste provides hydrogen to power a commercial fuel cell that transforms the volatile gas into enough electricity to light more than 100 homes for a year.

最近由于能源短缺,美国部分地区电力供应不足。与此同时,在波特兰的一座污水工厂里却找到一种新的发电方式,能在 21 世纪提供丰富且清洁的电能。此方式将污水分解后所产生的甲烷收集起来,产生氢气,充入商用燃料蓄电池。这种蓄电池能够把这种不稳定的气体转化为电能,足以提供 100 个家庭一年的照明所需。

The efforts that have been made to explain optical phenomena by means of the hypothesis of a medium having the same physical characters as an elastic solid body led, in the first instance, to the understanding of a concrete example of a medium which can transmit transverse vibrations, and at a later stage to the definite conclusion that there is no luminiferous medium having the physical characters assumed in the hypothesis.

为了解释光学现象,人们曾试图假定有一种具有与弹性固体相同的物理性质的介质。这种尝试的结果,最初曾使人们了解一种能传输横向振动的具有上述假定所认为的那种物理性质的发光介质。

三、语篇特点

科技英语文体的语言朴实客观,经常使用一些比较客观准确的词语,一般不用华丽的辞藻。科技英语文体中较少使用人称作主语,几乎不使用修辞,多用被动语态显示其客观性。下面是一则摘自《英语科普文选》的文章,该文章就充分体现了科技英语文体的语篇特点。例如:

The burning of coal is very wasteful of energy. This can be realized when we remember that one pound of coal burned in a furnace of a power station will raise enough steam to drive a generator that will produce enough current to light one-bar electric fire for 3 hours. On the other hand, if all the energy in the atoms of a pound of coal could be released, there should be enough energy to drive all the machinery in all the factories in Britain for a month.

In simple words, all this means that one pound of any element or compound of elements, if completely converted into energy by breaking up the atoms, would release the same amount of heat as the burning of 1,500,000 tons of coal. Scientists have calculated that if a bucket of sand from the beach could be completely converted into energy and if the energy so obtained was used to drive electric generators, enough current would be produced to supply the whole of Europe for 5 years. In other words, a bucket of sand contains enough energy to generate a thousand million pounds' worth of electricity.

燃煤是一种能源浪费。我们知道,一个电站的燃炉中燃烧1磅煤产生的蒸汽,可驱动1台发电机可供一支电炉丝工作3小时的电流。另一方面,1磅煤的原子中全部能量释放出来,可产生足以使英国所有工厂的所有机器工作1个月的能量。简而言之,所有这些均意味着,如果1磅任何元素或元素的化合物的原子分裂且完全转化为能量,将释放出相当于1 500 000吨煤燃烧所释放的能量。据科学家计算,如果海滩上的一桶沙子能够完全转化为能量,并且获得这种能量用于发电,产生的电能足以供应整个欧洲使用5年。换句话说,一桶沙子含有价值1亿英镑的电能。

(资料来源:冯志杰,2006)

第二节 科技文体翻译原则研究

想要准确翻译科技英语文体,仅仅了解科技英语文体的语言特点是不够的,科技英语文体的独特性决定了其翻译过程中需要遵循一定的翻译原则。下面就对这些翻译原则进行分析。

一、准确性原则

科技英语文体主要是对科学事实、科学问题的论述或者传授某种科学知识,记录某种科学实验等。科技文体的这些特征都要求其翻译首先要遵循准确规范性,准确传达出原文的全部信息内容,译者想要准确翻译必须对原文的词汇、句法、逻辑关系等具有深入了解。只有这样才能在翻译时准确再现原文。例如:

Velocity changes if either the speed or the direction change.

如果(物体运动的)速率和方向有一个发生变化,则(物体的)运动速度也随之发生变化。

The mutual flux is in iron, subject to permeability changes and so mutual inductance M varies with the flux level.

由于互磁通路经铁磁磁路,其经历导磁率的变化,所以互感 M 随磁通的饱和度变化而变化。

Three of Archimedes' extant works are devoted to plane geometry.

阿基米德现存的著作中有三本是专门论述平面几何的。

Oil and gas will continue to be our chief source of fuel.

油和气体将继续是燃料的主要来源。

Speed and reliability are the chief advantage of the electronic computer.

速度快、可靠性高,是电子计算机的主要优点。

二、简洁性原则

简洁清晰是科技文体的一大特点,那么在翻译科技英语文体时同样应注意其简洁性的特点,在翻译时应尽量避免重复和繁琐的叙述。例如:

It is forbidden to dismantle it without permission so as to avoid any damage to its parts.

译文 1：为了避免损坏设备的零件，未经许可不得拆卸该设备。

译文 2：严禁乱拆，以免损坏该设备的零件。

上面的翻译中，译文 1 虽然也表达出了原句的含义，但是其句子结构较为繁琐，没有遵循间接性原则。而译文 2 在准确表达原文内容的基础上又遵循了简洁性原则，符合科技英语文体的语言风格。因此，译文 2 翻译得更为得当。

All living things must, by reason of physiological limitations, die.

译文 1：由于生理上的局限性的原因，一切生物总是要死亡的。

译文 2：由于生理上的局限，一切生物总是要死亡的。

该例句的翻译中，译文 1 显得语言啰嗦生硬，其中"由于生理上的局限性的原因"存在着明显的重复啰嗦的问题，译文 2 的翻译更加简洁准确。

三、专业性原则

专业性在这里指有关科技文体方面的专业知识，作为一个合格的科技英语翻译人员，娴熟的双语转换能力也是必须的。科技英语文体中的一些专业词汇在翻译时其意义不同于普通的词，如 element 在不同的领域内有不同的意思，在化学中其指的是"元素"，在无线电学中其指的是"元件"等，译者必须多了解一些关于科技英语文体的最新研究发展趋势，了解各方面的专业术语。例如：

The transrapid accomplishes the function of support, guidance, acceleration and braking by using non-contact electromagnetic instead of mechanical force.

磁悬浮列车主要依靠电磁力悬浮于铁轨上，由电磁力来实施支承、导向、加速和制动功能，而不是靠机械力来实施。

The Red Cross has begun a major cloning project relating to the production of transgenic pigs for organ donors.

红十字会已开始一项重大的克隆工程，培育作器官供体之用的转基因猪。

四、通顺性原则

所谓通顺性原则指的是译文的翻译要符合译入语的语言表达习惯，避免因逐词翻译、硬译和乱译等引起的语言晦涩难懂。例如：

A material object cannot have a speed greeter than speed of light.

一个物体的速度绝不会超过光速。

The machanical energy can be changed back into electronical energy by means of generator.

利用发电机,可将机械能再转换成电能。

Distillation involves heating the solution until water evaporates, and then condensing the vapor.

蒸馏就是把溶液加热,直到水蒸发,然后在使蒸汽冷凝。

Electronics is based upon an understanding of physical world.

电子学是以人类物质世界的认识为基础的。

五、解释性原则

英语中,很多机构或产品常使用一些地名或者品牌来代替,为了便于读者理解,译者应将这些名称进行必要的解释。例如:

Business lobbyists on Capital Hill are keeping close tabs on what is known as the "Family and Medical Leave Act".

围绕国会议员进行商界游说的人士,正在密切注意着所谓的《家庭与病假法案》。(Capital Hill 为美国国会所在地,此处指国会议员)

Yesterday, he bought a "586".

昨天,他买了一台"586"计算机。

I will go there by a Mazda.

我将乘马自达汽车去那里。

第三节 科技文体翻译方法研究

翻译是用一种语言将另一种语言表达出来的方法,想要把语言文字所包含的意义准确表达出来,除了要对科技文体的语言特点以及翻译原则有所了解外,还应掌握丰富的翻译方法。本节就从词汇、句子、篇章三个方面对科技文体的翻译方法进行探究。

第八章 科技文体翻译研究

一、词汇翻译方法

(一)音译法

在科技英语文体中有很多专有名词,这些专有名词多采用直译法进行翻译,特别是在英译汉中,对地理位置等起标记作用的地名以及人名等一般都使用音译法进行翻译。科技英语文体中的一些产品、设备、商标的名称以及药品的名词都可以使用音译法翻译。例如:

clone 克隆(高科技产品名称)
nylon 尼龙(产品名称)
aspirin 阿斯匹林(药品名称)
radar 雷达(设备名称)
jeep 吉普(车)
Maxwell 麦氏(咖啡)
Bushel 蒲式耳
Gill 吉耳
Pound 磅
Dyne 达因
Watt 瓦特
Ampere 安培

(二)形象译法

在科技英语中为了更好地表达某些词的形象,常使用一些字母或者词来对其进行描述。形象译法主要分为以下几种。

(1)用汉字表达形象。例如:
T-plate 丁字钢
I-steel 工字钢
T-beam 丁字梁
T-square 丁字尺
herring bone gear 人字齿轮
zigzag road 之字路

(2)用字母等表达形象。例如:
Z-been Z形梁

X-tube X形管
O-ring O形环

(三)直译法

直译法是使用最为广泛的一种翻译方法,它适合于词汇和词组的翻译。直译法更加有利于使译文和原文实现对等。但有一点需要注意的是,直译法并不是盲目地望文生义,而是在译入语中找到与源语相符合的表达形式。例如:

tube baby 试管婴儿
gene therapy 基因疗法
soft-landing 软着陆
solid propellant 固体燃料
database 数据库
smart bomb 灵巧炸弹
microwave 微波

科技英语中有的词在进行直译时,需要对其属性等进行进一步说明,因此在翻译时应将其译准确,译到位。例如:

capacitor 电容器(无线电)
cleaner 吸尘器(机械)/清洁剂(化工)/脱脂装置(化工)
producer 生产井(石油勘探)/制片人(电影)/生产厂家(工业)

(四)引申译法

引申指的是在原文意义的基础上将词汇的意义进行延续或者扩展。引申译法主要涉及两种具体形式,即由具体意义向抽象意义引申和由抽象意义向具体意义引申。例如:

beacom 信号灯→警告过程
bank 银行→存储块区
mask 面罩→屏蔽
host 主人→主机
maker 制造者→制造程序
ancestor 祖先→祖节点
orphan 孤儿→孤立单位
head 头→磁盘磁头

(五)转换译法

1. 转译为动词

由于英汉语言表达的差异性,一个英语句子中往往只含有一个谓语动词,汉语句子中的动词则相对多一些,因此在翻译中经常将一些英语中的名词、形容词、副词以及介词等转换为汉语中的动词。例如:

Despite all the **improvements**, rubber still has a number of limitations.
尽管**改进**了很多,但合成橡胶仍有一些缺陷。

High precision implies a high degree of exactness but with no **implication** as to accuracy.
高精度意味着高度的精确度,但并不**表明**具有准确性。

The circuits are connected in parallel in the interest of a **small** resistance.
将电路并联是为了**减小**电阻。

The fatigue life test is **over**.
疲劳寿命测试**结束**了。

This type of film develops **in** twenty minutes.
冲洗此类胶卷**需要** 20 分钟。

2. 转译为形容词

科技英语中的名词和动词有时也可以转换为形容词。例如:

Gene mutation is of great **importance** in breeding new varieties.
在新品种培育方面,基因突变是非常**重要的**。

Earthquake are **closely related** to faulting.
地震与断层的产生有着**密切的关系**。

Light waves **differ** in frequency just as sound waves do.
同声波一样,光波也有**不同的**频率。

(六)增译法

英汉语言表达存在很多不同,因此在翻译时经常需要对原句中省略的一些成分进行增译,增译是为了使译文更加完整全面地再现原句的内容。增译的词往往多为名词、动词、量词等。例如:

Design should incorporate provisions to avoid any accidental collapse of a bed.
在设计中要有各种预备措施以避免床层的意外崩塌。

The next stage of space travel is a space station.

宇宙飞行的下一步是建立航天站。

Perhaps the most important difference between these helicopters is their power sources.

也许这些直升机之间的最重要区别在于它们的动力源不同。

The chlorine atoms eat away at the ozone layer.

氯原子大量吞噬臭氧。

That are suggestions that laser beams may ultimately replace cables in telecommunications.

有人认为,激光光束最终可能会取代电信电缆。

二、句子翻译方法

(一)被动语态翻译方法

被动语态多用转化法进行翻译,英语中的被动语态使用较多,而汉语中多使用主动句,因此在翻译科技英语文体时需要将英语中的被动语态翻译为汉语的主动语态。例如:

The antenna is automatically stabilized in pitch and roll as the airplane changes attitude.

当飞机改变飞行姿态时,天线会随着飞机的俯仰运动自动平衡。

Pointers are used to build data structure.

指针用来创建数据结构。

Being very small, an electron cannot be seen by man.

因为电子很小,所以人们看不见。

Only two operations may be carried out on a stack.

存储键只能进行两种操作。

The causes of air crashes are extensively investigated.

人们对空难事故的原因进行了广泛的调查。

A computer can be given informations or orders in various ways.

我们能以各种方式给计算机发出各种信息或指令。

In recent years chimpanzees have been taught in laboratory to use sign language for communicating with people.

近年来,有人在实验室里教黑猩猩用手势与人交流。

(二)定语从句翻译方法

英语中的定语从句可以分为限制性定语从句和非限制性定语从句。下面就分别对这两种从句的翻译方法进行分析。

1. 限制性定语从句

限制性定语从句对所修饰的先行词起着限定作用,其关系比较密切。限制性定语从句在翻译时一般采用下面几种方法。

(1)合译法

合译法就是将英语中的定语从句翻译为汉语中的修饰成分,通常用"的"字结构表示。例如:

People who live in these areas where earthquakes are a common occurrence should build houses that are resistant to ground movement.

居住在地震多发区的人们应该建造能够抗震的房屋。

All the plants and animals which we know of have to breathe and so can live only on planets which have suitable atmosphere.

我们所知的一切动植物都必须呼吸,因此只能生存在有适宜大气层的星球上。

In those days when science remained undeveloped, the crew's knowledge of thunder and lightning was next to nothing.

在科学不发达的年代里,水手们对于雷电的道理几乎一窍不通。

Surface subsidence was most serious in certain areas where large quantities of underground water were pumped out.

在大量抽取地下水的某些地区,地面下沉非常严重。

(2)分译法

有时候因为定语从句比较长,将其译为"的"字结构显得啰嗦不恰当,且有的定语从句与主句的关系不是很紧密,此时就不需要将其进行合译了,可以将分句翻译之后,形成一个单独的并列分句。例如:

The cornea is a part of the eyes that helps focus light to create an image on the retina.

角膜是眼睛的一部分,它帮助在视网膜上聚光并产生物象。

Message directly improves the function of the sebaceous (oil) and sweat glands which keeps the skin lubricated, clean, cooled.

推拿直接提高油脂和汗腺的功能,而这些油脂和汗腺则起到保持皮肤润滑、清洁、清爽的作用。

Crop and Soil Sciences is a diverse profession that encompasses all aspects of crop production and soil management.

农作物与土壤是一门多样化专业,包含农作物生产和土壤管理各个方面的知识。

(3)词组翻译法

词组翻译法指的是将句子中的限制性定语从句翻译为一个词组,这样翻译言简意赅,符合科技英语简练的特点。例如:

Diamond is the hardest natural substance that is known.

金刚石是已知最硬的天然物质。

There is a third method by which heat travels, namely, radiation.

热传导还有第三个方法叫作辐射。

2. 非限制性定语从句

(1)分译法

非限制性定语从句不像限制性定语从句那样与主句之间具有密切的联系,其只对句子起到一定的补充说明的作用,因此在翻译时可以采用分译法将其译为并列分句或独立句。例如:

The disease AIDS is not the same thing as the AIDS virus, HIV, which can lead to the disease.

艾滋病与艾滋病毒不是一回事,艾滋病毒可导致艾滋病。

Patients are seen by the anesthetist concerned, who will order premedication.

相关麻醉师须视察病人,并指导术前用药。

It diffracts the diffracted beam, which effectively means that it generates an inverse transform.

它对衍射光束发生衍射,这实际上意味着它产生了一个逆交换。

This was the beginning of the science of radar, which finds aircraft by the reflections of radio waves sent into the sky.

这是雷达科学的开端,雷达利用射入天空中的无线电播和反射波来发现飞机。

The steam travels along pipes to a turbing, where it drives the shafts at a high speed.

蒸汽由管道传送到汽轮机,再以高速度驱动汽轮机主轴。

(2)合译法

非限制性定语从句有时还可以采用合译法进行翻译,采用合译法进行

翻译的非限制性定语从句一般都比较简短,且与主句的关系相对比较密切。例如:

The Transport and Road Research Laboratory(TRRL), which is funded by the Department of Transport, estimated this figure after monitoring the routes that a selection of drivers decided to follow between given places.

这个估计数字是由运输部资助的运输与道路研究试验室对一些指定的司机在指定地点之间所决定的行车路线进行检测后得出的。

(三)状语从句翻译方法

状语从句的种类有很多,如原因状语从句、时间状语从句、地点状语从句等,这些状语从句的翻译方法很多,下面就对其进行深入探究。

1. 直译法

直译法在状语从句的翻译中使用很多,直译时英语中的状语从句应放在句首。例如:

The spot of light describes a circular path when the lens assembly is rotated.

当透镜系统旋转时,光点画出一个圆形轨迹。

Where it is required to produce flanges, some of the methods already given may be used.

在要求制成凸缘的地方,可以使用前面说过的某些方法。

Since numerical control was adopted in machine tools, the productivity has been raised greatly.

自从机床采用数控方式以来,生产率大大提高了。

2. 顺译法

如果英语原文中的状语从句位于主句的前面,则可以采用顺序译法对其进行翻译。例如:

Where there is water and air, there is life.

有水和空气的地方,就还有生命。

This process continues till an equilibrium is established.

这个过程持续下去直到达到平衡。

When the first artificial pacemakers for the human heart were developed about 30 years ago, the sole objective was to save the patient from unpredictable sudden death.

大约三十年前，当首批用于人类心脏的起搏器问世时，其唯一目的就是使病人免遭无法预测的猝死。

However carefully boiled castings and steam pipes are sealed, some heat escapes and is lost.

无论对锅炉外壳和蒸汽管怎样密封，总有一些热会散逸损失掉。

Electrical pulses pass along these nerves just as an electric current passes through wires.

电脉冲流流过这些神经，就像电流通过电线一样。

3. 前置法

前置法指的是在译文中将原因状语从句翻译到句首。例如：

Because two or more steps were involved, the processes can be known as indirect processes.

因为这些冶炼法需要两步或者更多的步骤，因此被称为间接法。

In order that the electric current may flow in a circuit it must be complete and must consist of materials that are electrical conductors.

要使电流流过线路，线路必须是完整的，而且必须由导体组成。

Providing that solid is not solute, the volume of an irregular solid can be found by the displacement of water.

如果固体是不溶解于水的，那么一不规则固体的体积就可根据排水量来求得。

4. 后置法

后置法与前置法正好相反，后置法指的是在翻译时将从句放到句子的末尾。例如：

Ductility is also important because it is a measure of that property of a material which permits it to be cold-worked.

塑性之所以重要还因为它是材料冷作性能的衡量尺度。

We need know the number of computations which are to be joined, so that we can terminate all but the last one.

我们需要知道有多少个要连在一起进行的计算，以便我们能在倒数第二个计算上终止计算。

5. 变序译法

变序译法既不同于前置法又不同于后置法，而是在翻译时将英语中状语从句的位置移到汉语的主谓之间。例如：

Just as steel is an important material, aluminum alloy is also an important one.

铝合金和钢一样，也是一种重要材料。

Some materials are called good conductors because electricity goes through them well.

有些材料因导电性能好而被称为良导体。

(四) 复杂长句翻译方法

复杂长句的修饰语以及其他成分比较多，翻译时需要首先对其主谓结构进行分析，确定句子的基本结构和关系。复杂长句的翻译方法主要有顺译法和调序翻译法。

1. 顺译法

英语句子按照时间的先后顺序进行叙述时，其叙述习惯与英语相同，那么此时可以采用顺译法进行翻译。例如：

Parents who use television as electronic baby sisters often fail to develop effective ways of shaping their children's behavior.

把电视作为孩子"保姆"的父母往往寻找不到塑造孩子行为的有效途径。

Vibration in machines can be thought of as a combination of non-stationary periodic functions generated by a variety of imbalanced forces or disturbances, each of which has a charateristic repetition frequency.

可以把机器的振动视作一些非稳态周期性作用的综合反应，这些作用是由各种不平衡力或扰动引起的，每一种不平衡力和扰动都有一个特殊的重复频率。

2. 调序翻译法

调序翻译法指的是在翻译时摆脱原句的语序，根据句子的内容以及汉语的表达习惯对其进行重新整理表达。例如：[1]

As has been said, manufacturing processes can be generally classified as unit production with small quantities being made each time and mass production with large numbers of identical items or products being produced.

---

[1] 王卫平，潘丽蓉. 英语科技文献的语言特点与翻译. 上海：上海交通大学出版社，2009.

前面说过,生产过程可以笼统地分为单位生产和批量生产,单位生产就是每次生产少量的工件,批量生产就是每次生产大量的规格相同的工件或产品。

三、语篇翻译方法

(一)忠于原文格式

科技文体的格式比较固定,科技英语文体具有逻辑性强、结构紧密等特点。因此,译者在翻译时也应严格遵守科技英语文体的格式,准确地将译文表现出来。例如:①

The term "development" encompasses three types of process. First, new cells are produced by division. In the high plant, this occurs most commonly, although not exclusively, In regions called meristems(分生组织). Next, there is a phase of growth or cell enlargement. Finally, the cells differentiate into their mature and specialized states. It is important to grasp from the outset that these three phases of development are not necessarily separated either in space or in time. Divisions may occur in cells which are actively enlarging, and in certain circumstances even in cells which would ordinarily be considered as mature and fully differentiated. Differentiation is usually regarded as the attainment of some final state or stability by a cell, coupled to a specific function(such as transport in the vascular system or photosynthesis in the mesophyll). However, the situation is not always final. The term "differentiate" can therefore have a comparative meaning as well as an absolute one.

"发育"一词包含三个过程。首先,通过分裂产生新细胞,这在高等植物中尽管不只是但通常是发生在称为分生组织的区域内。其次,是细胞生长或增大阶段。最后,细胞分化进入成熟和特化状态。这三个发育阶段无论是从空间上还是从时间上不一定是分开的,从一开始就了解这一点是非常重要的。分裂可以发生在正在增长的细胞中。在某种情况下,甚至发生在一般被认为是成熟和完全分化的细胞中。通常认为分化是细胞达到了某种最后的或稳定的状态,具有特定的生理功能(如维管系统中的输导作用或叶肉中的光合作用)。可是,这种状态并不总是最后阶段。因此,"分化"一词

---

① 赵萱,郑仰成. 科技英语翻译. 北京:外语教学与研究出版社,2006.

有相对的意思,也有绝对的意思。

该译文在翻译上遵循了上面所提到的翻译方法,且严格遵循了原文的格式。其对文章在总体上进行了顺译,对于个别的句子使用了翻译技巧进行处理,完整准确地再现了原文的内容与格式。

(二)注重语篇连贯

科技英语文体具有严密的逻辑性,文章的内容联系非常紧密,科技英语文体中含有一些明显的语言符号,这些语言符号将整个语篇连接为一个整体。在翻译时,译者应注意语篇的连贯性。例如:

All this good cheer was plainly too much for human nature, which seems to crave a regular dose of impending doom. That was not missing in'88, when fears about the environment loomed larger than ever before. Ocean pollution seemed to touch every continent; medical wastes washed up on America's Atlantic beaches, and dying seals on the shores of the North Sea…

对人的本性而言,好消息实在是多得过分了,人们似乎总是想听到那些末日即将临头的坏消息。在人们对环境问题比以往任何时候都更加忧心忡忡的 1988 年里,倒也不乏这样的坏消息。海洋污染似乎已殃及各个大陆,废弃的海洋污染,奄奄一息的海豹也漂浮到北海的海滩上……

(资料来源:李运兴,2001)

参考文献

[1]武锐.翻译理论探索.南京:东南大学出版社,2010.
[2]贺雪娟.商务英语翻译教程.北京:外语教学与研究出版社,2007.
[3]李运兴.汉英翻译教程.北京:新华出版社,2006.
[4]谢天振.中西翻译简史.北京:外语教学与研究出版社,2009.
[5]贾文波.应用翻译功能论.北京:中国对外翻译出版公司,2004.
[6]杨贤玉.英汉翻译概论.北京:中国地质大学出版社,2010.
[7]张培基.英汉翻译教程.上海:上海外语教育出版社,2009.
[8]王佐良,丁往道.英语文体学引论.北京:外语教学与研究出版社,2011.
[9]李佳.英语文体学理论与实践.厦门:厦门大学出版社,2011.
[10]崔长青.迎刃而解——英语写作技巧.北京:中国书籍出版社,2010.
[11]郭霞,尚秀叶.大学英语写作与修辞.北京:冶金工业出版社,2008.
[12]季羡林.东西方文化议论集(上册).北京:经济日报出版社,1997.
[13]吕煦.实用英语修辞.北京:清华大学出版社,2004.
[14]胡曙中.现代英语修辞学.上海:上海外语教育出版社,2011.
[15]陈望道.修辞学发凡.上海:上海外语教育出版社,1979.
[16]卢思源.新编实用翻译教程英汉互译.南京:东南大学出版社,2008.
[17]陈新.英汉文体翻译教程.北京:北京大学出版社,1999.
[18]李建军.新编英汉翻译.上海:东华大学出版社,2004.
[19]杨山青.实用文体英汉翻译.北京:国防工业出版社,2010.
[20]谢屏,刘育文.实用英语翻译.长沙:湖南师范大学出版社,2009.
[21]夏廷德,马志波.实用新闻英语翻译:英汉双向.北京:对外经济贸易大学出版社,2010.
[22]傅敬民.实用商务英语翻译教程.上海:华东理工大学出版社,2011.
[23]曾文华,付红桥.商务英语翻译.武汉:武汉理工大学出版社,2009.
[24]魏海波.实用英语翻译.武汉:武汉理工大学出版社,2009.
[25]段云礼.实用商务英语翻译.北京:对外经济贸易大学出版社,2009.
[26]姜增红.新编商务英汉翻译实务.苏州:苏州大学出版社,2010.

[27]汤静芳.商务英语翻译.北京:对外经济贸易大学出版社,2007.

[28]丁小丽,程华.商务英语翻译.北京:清华大学出版社;北京交通大学出版社,2007.

[29]张法连.法律英语翻译.济南:山东大学出版社,2009.

[30]卢敏.英语法律文本的语言特点与翻译.上海:上海交通大学出版社,2008.

[31]李克兴.法律翻译理论与实践.北京:北京大学出版社,2007.

[32]陈建平.法律文本翻译探索.杭州:浙江大学出版社,2007.

[33]陈可培,边立红.应用文体翻译教程.北京:对外经济贸易大学出版社,2012.

[34]全国统一考试委员会.法律英语翻译教程.北京:中国法制出版社,2009.

[35]徐章宏.法律英语写作教程.北京:对外经济贸易大学出版社,2007.

[36]赵萱,郑仰成.科技英语翻译.北京:外语教学与研究出版社,2006.

[37]谢小苑.科技英语翻译技巧与实践.北京:国防工业出版社,2010.

[38]田传茂.大学科技英语.武汉:湖北科学技术出版社,2007.

[39]王卫平,潘丽蓉.英语科技文献的语言特点与翻译.上海:上海交通大学出版社,2009.

[40]蔡新乐.语内翻译与语际翻译的比较.外国语,2000,(2).

[41]陈剑晖.文体的内涵、层次与现代转型.福建论坛,2010,(10).

[42]王琬默,龚萍.翻译中的文化因素.辽宁工程技术大学学报,2006,(6).

[43]廖海娟.文化视角中的英汉翻译.湖南科技学院学报,2010,(3).

[44]张琳琳.论文化差异对翻译的影响.考试周刊,2008,(18).

[45]肖云枢.法律英语语法特点初探.外语教学,2000,(4).

[46]陶品芳.法律英语的语法特点.山西省政法管理干部学院学报,2000,(3).

[47]Foss, K. S., Foss, K. A. & Trapp, R. *Contemporary Perspectives on Rhetoric*. Lake County: Waveland Press, Inc., 1991.

[48]Hauser, G. A. *Introduction to Rhetorical Theory*. Lake County: Waveland Press, Inc., 1991.

[49]Corbett, E. P. J. & Connors, R. J. *Classical Rhetoric for the Modern Student*. Oxford: Oxford University Press, 1999.